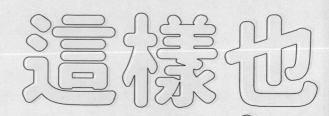

這樣也很好！

大齡女子獨立宣言

丟掉束縛、笑中泛淚！
66篇熟女養成記，帶你揮別中年恐慌

珍妮・蘇——著
莊雅琇——譯

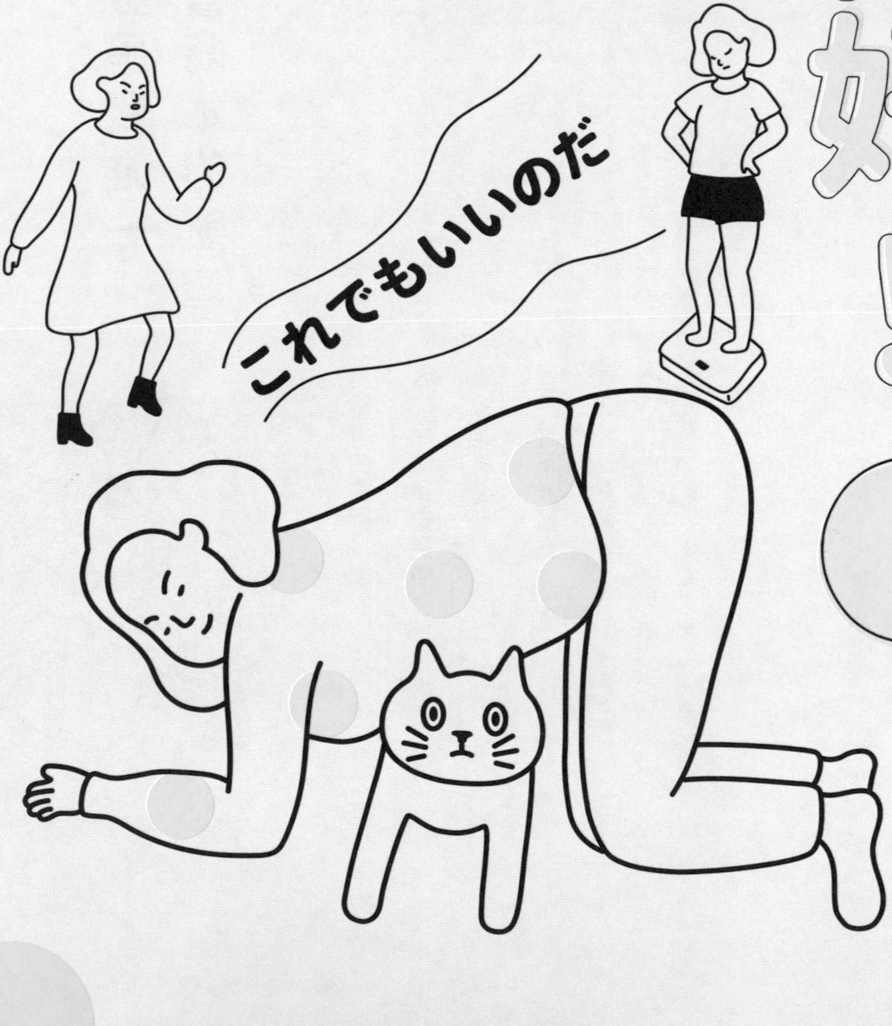

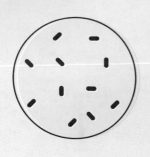

chapter

1 閨蜜是我唯一不會虧本的財產

chapter

2

中年姊妹們，掌握好人生的方向吧！

chapter

3 故事滿人間

chapter

4 大人一樣會受傷

chapter 1

閨蜜是我唯一
不會虧本的財產

年歲增長之後，閨蜜分成鮭魚組與鱒魚組，

雖然棲息地帶不再相同，

最終還是會樂於分享所見所聞。

無論如何，我們維持著相同的運作步驟，

可喜可賀，我十分肯定，

閨蜜是我唯一不會虧本的財產。

頂級豬肉之夜

與推心置腹的閨蜜大吃大喝、開懷大笑、天南地北閒聊瞎扯，對我來說，就是最美好的營養補給。

昨天，我跟高中就認識的閨蜜見面，一方面感謝我倆的情誼始終不變，一方面則是心頭一驚：「我們竟然認識了快三十年啊！」

她剛畢業就在同一家公司工作至今，我卻換了三個工作；她常去國外出差，我卻未曾踏出日本去工作。

我倆的共通點雖然隨著時光流逝而減少，但彼此之間還是很合得來；不過，倒是萬萬沒想到，現在兩人的共通點只剩下「依舊單身」。

因為我們以前住得很近，每天晚上幾乎都約在家庭餐廳或彼此的家裡碰面，沒完沒了地瞎扯，聊工作、聊戀愛、聊未來。看完美國的音樂節與電影節之後，還會想著怎麼樣才能出人頭地走紅毯，並且為了彼此的無聊想法捧腹大笑。

我們永遠有聊不完的話題；不對，就算沒什麼要聊的，我們還是先見面再

說。那個時候，兩人都有大把時間，現在彼此都很忙，一個月能見一次就可喜可賀了。

她選了一家位在六本木、裝潢得很時尚的豬肉涮涮鍋餐廳，我們約晚上八點，一入座就開始看菜單。

「有推薦的嗎？」

「吃到飽最划算。」

「那就點兩份吃到飽吧。」

我話才說完，她便立刻舉起右手。在店員來之前繼續默默選飲料，這正是我們的默契——從入座到點餐完畢，所需時間僅僅五分鐘。

這是熟到不能再熟的朋友才有的速度感，比起點完餐後期待享用美食，我們更想要大聊特聊。

「要是跟男人一起來吃到飽，會被嫌棄到不行啊。」她埋怨著。我前幾天才剛與男友先生為了這件事起了小爭執，也不禁抱怨要做到細心周到實在很難。這是當然的嘛，畢竟沒有一個男人交往得比我們更長久。

正當我們說說笑笑暖身一下，頂級什麼豬肉頭銜的五花肉和里肌肉盤，就在此時端上桌來。

好啦，開動吧！

我們憑著只在彼此腦海中響起的信號聲，迅速拿起筷子，從最左邊剝下薄切肉片，在湯裡左右輕輕涮一下，挾起來在芝麻醬裡浸一浸，在短短零點二秒

內塞入嘴裡，超好吃！

吃飯時，我們兩人天南地北聊著：那個沒路用的上司又調職了；從意想不到的地方聽到前男友的近況；共同朋友的同性婚禮有多美好；利用精子銀行當起單親媽媽的女性友人在海外的生活點滴……話匣子一開就是一籮筐。

我們身在聊天與吃喝的無限迴圈裡，彼此都無所顧忌，沒有一秒鐘停下筷子或靜默不語。深深為我倆猶如老練技師般的純熟步調陶醉不已。

話匣子不知不覺變調成了聊八卦，剛想放聲大笑，轉眼卻悄聲接連說起心裡話。

我們也不管話是不是才說到一半，想到什麼便隨時脫口而出：「這醬料好好吃哦！」不按牌理出牌的發言，完全不會打亂我們的步調。隨口說「好好吃！」對方也只須贊同「好好吃！」之後，說話的人自然會立刻拉回剛剛的話題。

當大腦與心靈串聯成電路，想到什麼全部脫口而出，這種痛快淋漓的感覺當真無可取代。話雖如此，我也十分清楚，這絕無僅有的溝通方式是要挑對象的。我細細品著口感豐富的美味豬肉，同時為彼此珍貴的情誼感嘆著。

我們動筷與動口的速度總算減緩，不知是誰起的頭，兩人接著把健康與父母的話題搬上檯面。聊著的同時也不禁調侃：「竟然會聊起這類話題，表示我

們也上了年紀啊。」

回過神來，我們已在不知不覺間聊了三個小時，同步滿足了五臟廟與心靈。換作是幾年前，我們還有足夠精力續下一攤，可是今天才星期四。我倆已經四十二歲，還是趁早在末班車前一個小時收攤比較省事。

遙想青少年時期，我們理所當然地認為「聚會的親密時刻會持續到永遠」。然而，時間卻不知從何處洶湧而來，在我們眼前無止境地流逝，猶如一條看似靜止不動的浩浩大河。

如今我們擁有的時間確實有限，只得想辦法擠出來。不過，一旦見了面，我們照樣能一如既往地獲得滿足感。直到有一方踏進墳墓為止，我倆都會有條不紊地維持運作步調，繼續量產小小的幸福。

我十分肯定，閨蜜是我唯一不會虧本的財產。

「小碗飯是我的。」

慰勞工作疲憊的「犒賞餐」有兩種。一種是像涮涮鍋或壽司這類的「大餐」；另一種是像熱騰騰煎餃或平價烤肉店的重口味美食。好不容易解決難搞的原稿後，我都很想好好吃一頓後者犒賞自己。

帶著可能被打回票的心情，問了工作滿檔、久未見面的閨蜜。沒想到，她今晚剛好有空。不但如此，美食家前輩才剛介紹她一家東京最好吃的煎餃店。真是好兆頭啊。

那間店據說十分熱門，我們沒事先訂位，也有心理準備要等一陣子。到了店門口，卻發現我們前面只有兩個人在排隊。大概是煎餃的翻桌率比較快吧。今天晚上真的超走運。

待在寒冷的冬夜，我好奇地瞧瞧店裡頭。看見廚房裡的年輕女生動作嫻熟地擀著麵皮，也看見一個又一個大盤子往外端送出去。

煎餃應該有一般的三倍大吧，油光閃亮的外皮、豐盈飽滿的內餡，還有那煎得金黃焦脆的表面，頗有小餡餅的感

覺吶。看這個樣子，絕對美味可口，保證等等有個燦爛美好的未來！

我繼續往店裡窺看。大盤子一端上桌，筷子立刻從四面八方伸過來，裡頭的食客無不大啖煎餃，嘴裡冒出騰騰熱氣，店裡的玻璃窗也因此霧氣朦朧。我即將抵達的天堂，就在那裡啊！肚子已經咕嚕咕嚕叫了。

等不到十分鐘就進店入座，我們點了煎餃和水餃，還點了餛飩。你可能會想「未免點太多了」。不過我又要了小碗飯，苗條大胃王閨蜜則是要了大碗飯。

煎餃一下子就送上來，我們一點也不在乎大口咬下而爆漿飛濺的肉汁。幸好兩人都穿黑色系的服裝。簡直天才呀！

唉，雖然我無法原諒那些美食家把「幸福」寫成「口福*」，可是這不叫口福的話，什麼才叫口福呢？我徹底屈服了。喔不，是「屈福」才對。汝之名，煎餃是也。

今晚一切如此美好。也就是所謂的「Tonight Is The Night」，我們就此悠然地滿足心靈與口欲。

「兩碗白飯來了！」

抬眼一看，一名塊頭跟我差不多壯碩的女店員，雙手捧著白飯站在面前。

＊幸福與口福的日語發音相同。

她毫不遲疑地把大碗的白飯放在我面前，小碗的白飯擺在閨蜜那裡。

我懂，我真的懂。你是根據我們兩個人的身材長相來推測，誰能責備你的決定咧。可是啊，親愛的店員小姐，你都活到這把年紀了，以你壯壯的身材，應該也遇過好幾次煩不勝煩的誤解吧？既然塊頭那麼大，想必總是精力充沛；既然塊頭那麼大，想必食量也不小；既然塊頭那麼大，想必個性活潑開朗；既然塊頭那麼大……。

大碗飯給壯碩的我。

小碗飯給苗條的她。

一般來說，這種主觀認定叫做「偏見」。偏見會助長歧視。理論上來說，這是不可原諒的行為。

嗯？我只要說「小碗飯是我的」就解決了？您說得沒錯。可是，她一下子就閃人了，因為她還得趁熱送其他菜。很明顯，她沒有半點惡意。

我由衷期望早日實現沒有偏見的社會。然而，我不見得隨時都有精力冷靜地一一糾正。再說，我也實在沒自信去做那些事。

話雖如此，為了這點小事愁眉苦臉未免太蠢了，但是也不能一臉得意洋洋地滿不在乎吧。飯量大小的問題還能一笑置之，這種主觀認定也可能攸關性命吧？比如說，換作是人種呢？或者性別呢？

遇到這種情況，該怎麼做才好？「正

義」應該行使到什麼程度呢？「誤解」到什麼程度，才能昇華至一笑而過的境界呢？

煎餃的滋味超乎我的預期，不禁一個接一個全部掃光。不過，難解的心事卻哽在心頭。面對這種情況，究竟該怎麼處理才好？

我到底要一本正經到什麼程度啊？

選店之難，難於上青天

我不擅長的事情多如繁星，選店就是其中一項。

聚餐的日期決定後，基本上是先喊先贏，就選那間店。問一下參加者想吃什麼、不敢吃什麼，地點就挑平常日方便從公司前往、回家也便利的地方。

說是選擇，可是我辦不到。「選擇」這種行為必須要有選項，但我卻沒有。因為我老是去同一間店，一點也不用傷腦筋。

我很怕跟不熟的人一起吃飯，也幾乎不會主動接收外界的資訊。熟識的朋友都很清楚這一點，自然不指望我選店，因為我的選項也就一成不變。

問題出在我遇到想要多了解的人時。對我來說，會有「想要多了解一個人」的念頭是很稀奇的，通常這種情況是我一頭熱，也只能由我主動邀請。

雖說是邀請，成年人的邀約少不了用餐這道流程。再也不可能像從前那樣，放學約在公園碰面，一杯果汁就能聊到太陽下山。

每當這種時候，我十之八九會選錯店。要我來選店是可以，但最令我難受的是，每次都像打了一場註定不會成功的敗仗。

大致來說，當我瞄到同座的人因為端出來的餐盤，或店員的態度而略顯錯愕，就會不禁直冒冷汗，心想「當初選一間氣氛好一點的店是不是比較好？」、「挑一間安靜一點的店比較好吧？」的念頭。儘管冷汗直流，但也說不清到底哪裡不對勁。明明為了開開心心談話而安排這場聚餐，我的胃卻緊揪在一起，餐點滋味與談話內容全都渾然不覺。

同行的人有沒有對我挑過毛病？沒有。不過，對方臉上的表情明明白白告訴我：「這間店沒那麼爛啦，但也不是最佳選擇。」我是個愛慕虛榮又小心眼的人，最受不了這種些微的表情變化。對方眼神一暗的那一瞬間，也難逃我的法眼。

有的人以外食為樂。他們一星期有一半時間都在外面吃，平時也常在蒐集新店資訊。或許是長年尋覓美食練就的成果，這樣的人即使路過，靈敏的嗅覺照樣會發現美食所在。但我可沒有這種能力。

如果是為了吃一頓美食，他們也不會排斥跟陌生人一起聚餐。貪戀美食的人，想必知道我所不了解的人生樂趣。

前幾天，我與知道許多美味餐廳的前輩一起聚餐。據說她在東京尋訪美食已經二十多年，稱得上是老饕中的老饕。

敲定日期後，她一如往常劈里啪啦列出幾個備選，再動作迅速地預約訂位。前輩介紹的每一家店都很好吃，我對自己完全派不上用場深感抱歉，但也欣然享用美食。

我只選過一次店。我第一次選的店，端出了吃不慣的熟成肉，一咬下味如嚼蠟的肉塊，我就心知不妙，口感當然也不佳。

話說回來，當我們在前輩選的西麻布某間餐廳裡用餐，正在享用風味絕佳的印度咖哩，她竟然說：「我前陣子選店失敗了。」呵，弘法大師也是會筆誤*的嘛。

據她所說，是有人神不知鬼不覺點了好幾瓶貴到爆的葡萄酒。就這樣莫名其妙地大幅超出預算，結帳時，每個人都被金額嚇得哎哎叫。我是不懂酒的人，當然也不曉得一瓶葡萄酒到底多少錢。

此時，我恍然大悟，原來如此，所有問題都出在酒啊。因為我不懂酒，才會老是選錯店。

對我這個不懂酒的人來說，外食就是去吃居酒屋。所以我的餐廳選項永遠那麼匱乏。

還有一點，居酒屋雖然在酒和食物

的搭配上下了工夫，可是我到哪裡都是喝烏龍茶就夠了，所以也不懂什麼配不配。小的至今也沒見過哪個不懂酒的，會在吃魚吃肉時改變喝的酒啦。

真是愈想愈火大。我只會去居酒屋聚餐，等到天荒地老也等不到碳水化合物，害我老是覺得吃不飽。你們的收尾菜，可能只是我的開胃菜吶。我情願多付一點錢，拜託你們好歹先上烤飯糰。

我不擅長選店，就是因為不懂品酒。至於愛酒者享受的則是美酒，食物倒是其次。可想而知，雙方的利害觀點當然不一致。

找個冠冕堂皇的理由，當天晚上心滿意足地踏上歸途。在此特別感謝酒豪前輩體恤不懂酒的我，選的店總是讓我吃得滿心歡喜。

＊日本常用諺語，「智者千慮，必有一失」之意。

我也想嘗嘗泡沫的甜頭！

說到泡沫世代*，對成長於就業冰河期*的我來說，簡直就像眼中釘。他們所處的時間、地點、場合全都風光得猶如人生顛峰，不免令人想「嘖」一下以示不爽。

不過，轉眼就來到人生的轉折點，我也開始對未來感到茫然不安。如今最能鼓舞我的，便是那群年屆五字頭的前輩活躍的身影。

這只是我個人的想法啦，事到如今，我真的好想嘗嘗泡沫的甜頭啊。尤其無比羨慕泡沫世代特有的豁達開朗。這種羨慕之情或許從以前就憋在心裡，只是我不想承認罷了。

前幾天，我與專職搖筆桿的前輩一起共進晚餐。她二十出頭就開始寫作，著書超過二十本。持續創作與出版將近三十年，並不是一件容易的事。哪像我，才七年就已經氣息奄奄。

前輩有定期運動的習慣，這一點體現在她朝氣蓬勃的軀體，與一頭濃密亮麗的秀髮。她也是個美女。整體來說，

就是比我出色耀眼。而前輩也是所謂的泡沫世代。

每次見面，我就會像聽床邊故事一樣，央求前輩跟我說說泡沫世代的故事，她也有求必應，但每次聽完都不禁感慨：「有錢可揮灑的青春，也太猛了啊。」

當年如果是三十歲左右，一般的上班族也有能力投資股票與不動產，開保時捷或ＢＭＷ。聚餐時由男士付錢是理所當然，要是提出男女平均分攤，別人可是會講閒話。

到了週末，迪斯可舞廳全都大排長龍，例如六本木的「King & Queen」與銀座的「ＣＨＩＣ」，又或者是星期三的「M-CARLO*」也一樣。為了不用排隊就能入場，每個人無不使出渾身解數。

聽到那個年代的人把ＢＭＷ稱為六本木的豐田 Corolla，總是讓我熱血沸騰。現在幾乎找不到週末還有精力願意排隊去夜店玩的三十世代上班族了吧？

* 泡沫世代，日本於一九六五年至一九六九年出生的世代，踏入社會的時間正值一九八六年十一月至一九九一年二月的泡沫景氣時期，故稱為「泡沫世代」。

* 就業冰河期，日本於一九七〇年至一九八二年出生的世代，踏入社會的時間正值一九九三年至二〇〇五年的就業冰河期。

* 當時的「M-CARLO」會在星期三播放七〇年代後期至八〇年代前期的老歌，平常日依舊人氣不墜。

我覺得青春期所處時代的經濟狀況，會影響一個人的性情。

與石油危機*同一年出生的我，對人生的態度和前輩截然不同。她曾對我說：「我到現在還是忍不住覺得，明天一定會比今天更好。」讓我驚訝地倒吸一口涼氣。

我不認為比她小一輩的人，還會中這種催眠術。真令人羨慕吶。不管現實情況如何，仍是相信「太陽依舊會升起」。擁有這樣的人生態度，肯定能好好享受生活。

我在約定時間前不久，抵達約好的西麻布某間蕎麥麵店。前輩在我進店沒多久就來了，在我耳邊悄聲說：「對不起，我搞錯店啦。」

大家都知道，蕎麥麵店的商號有不少雷同之處，像是「更科〇〇」或「〇〇藪蕎麥」（薮そば）。前輩似乎看中一間店，結果預約到別家了。

只要吃得到鴨肉蒸籠蕎麥麵（鴨せいろ），吃哪一家我都無所謂，但是前輩看起來一副不滿意的樣子。她或許希望我吃得盡興吧。換作是我，早就算了，心想：「哎，就吃吧。」

前輩沮喪地唉聲嘆氣：「我看中的那一間店，就在這附近啊。」

於是我擅作主張地說：「不然這樣吧，我們在這邊稍微吃一點，接著去那一間店吧？這樣一來，肚子可能會有點

撐，不過，太陽依舊會升起來嘛。前輩還是笑笑的比較好看啊。」

行動派的前輩聽從我的胡亂慫恿。不遺餘力盡情享受當下，這正是泡沫世代的優點。我只不過是效法而已。

我們花十五分鐘把還算美味的鴨肉蒸籠蕎麥麵吃光，接著快步走七分鐘前往目標店家。兩人再次點了鴨肉蒸籠蕎麥麵，還趁勢追加了混合天婦羅。我們從來沒有續攤續到蕎麥麵店去，所以滿心雀躍。

端出來的鴨肉蒸籠蕎麥麵，果然好吃得令人讚嘆。湯頭、蕎麥麵、鴨肉及佐料的口感，全都如此豐富內斂。各種風味聯手出擊，完成一道夢幻珍饈。

我瞄了前輩一眼，她臉上盡是得意的神色：「我沒說錯吧？」

用完餐後，我們去靈魂樂酒吧（Soul Bar）讓肚子消化一下。因為我知道七〇年代的歌曲，前輩每次都驚訝地問我：「你是不是謊報年齡啊？」而我每次都得搬出「學生時代是靈魂樂研究會成員」這個理由，實在有點不好意思。

我這位前輩連時下最新熱門歌曲，都能哼上幾句。她說：「我不想讓人家覺得我只會老歌嘛。」她的好奇心始終

＊第一次石油危機於一九七三年爆發。

如此旺盛。

我對從前的歌曲與泡沫世代的故事興致勃勃，簡直就像以懷舊為樂的賦閒老人。我需要一份膽識，讓自己相信太陽永遠都會升起，並且盡情享受此時此刻，就算緬懷過去，也不至於對未知的未來感到茫然不安。

不起眼女子會

我們有個定期的聚會，叫做「不起眼女子會」。參加者是六名透過社群網路認識的三、四十歲女子。

一半未婚、一半已婚，總之就是不起眼的一群人。不過，我們不會因為這樣而過度悲觀，更不會自我貶抑。反倒因為相似的不起眼產生了似有若無的凝聚力，相處起來格外愜意。

如果要從外貌、言行、命運等方面來說說我們最不起眼的一點，也許是個性上一點都不耀眼吧。但是我們在各方面都不起眼得恰到好處，就愛窩在不起眼的舒適圈裡，待好待滿。

到底什麼是不起眼呢？指的就是沒有致命傷，卻傷痕累累、糊裡糊塗的狀態。如果要替「不起眼女子會」這塊招牌上點顏色或圖案，我想，青綠色和深灰色的粗條紋最適合吧。

就在上個月，住在遠方的成員難得來東京，於是大家決定好好逛一逛上野。「我們去不忍池坐天鵝船吧」、「然後去上野動物園欣賞熊貓、指猴、裸鼴

鼠」、「也順便看一下大猩猩和老虎吧」、「那要不要去阿美橫町的豆類點心店朝聖，再去有名的大眾居酒屋跟人家擠一擠？」讓六個不起眼的中年女人安排這些像是不起眼大學生才會做的約會行程，不是很有趣嘛。

因為我們幾個早上都爬不起來，所以約在中午碰面，再浩浩蕩蕩前往不忍池。眼看就要下雨的陰沉天空，還有冷得不像話的三月天，簡直和不起眼的我們十分搭調。

天鵝船是三人座，既然如此，那就猜拳決定吧。偏偏這麼剛好，分成了已婚組和未婚組，真令人可恨。我當然是未婚天鵝組。我們這組死命踩著，本來想尾隨已婚天鵝組，卻怎麼繞也無法接近她們。反觀順風順水一路暢行的已婚天鵝組，竟然神不知鬼不覺地繞到我們身後，我們只能落得倉皇而逃的下場。未婚天鵝組的成員明明戰力十足，卻老是抓不到踩踏的竅門。也是啦，我們這組不管在陸地上還是在水面上，都是一個樣子。

這群人裡最性急的人就是我，所以在上野動物園的參觀步調，對我來說簡直悠閒到極致。我們在西園與不動如山的鯨頭鸛一起拍照，為了侏獴打破蛋殼而歡呼，並且出神地看著南美貘與侏儒河馬。

時間就這樣一分一秒流逝。等到我們抵達東園，大猩猩與大象早就擺駕回籠舍，戶外的活動空間顯得一片空盪。我們真是不管做什麼，就是那樣不起眼。不過，這樣正好。看我們依然笨拙的樣子，我就放心了。

有的人無論到了幾歲，照樣撒嬌裝可愛拗東西，或者央求人家對他睜一隻眼閉一隻眼，甚至強迫別人接受自己的任性。這樣的人，男女皆有。這種人就是會帶著笑臉給你一記肘擊，硬是擠進隊伍裡插隊。

有時倒是很羨慕他們耍心機的模樣，但是老老實實做事的人，也因為他們大玩心機而屢屢吃虧。實在叫人鬱悶。

不過，我們不起眼女子會成員裡完全沒有那種心機女。

我們本性正經，但是人生態度卻有點不正經，缺乏閃亮耀眼的上進心。我們與其說是笨拙，倒不如說是嫌麻煩，一點也不尊崇理性，再加上遲鈍，所以我們不會用一時熱血的正義感批判別人或搧風點火。不覺得幹這種事很麻煩嗎？

當我們幾個人泡在將近四十度的溫泉裡，最能療癒不起眼的累累傷痕。我可以明顯感受到，我那好鬥的交感神經驀然停歇。親愛的副交感神經，歡迎你交班來到「不起眼女子會」呀。

選購豆類點心時猶豫了超久，接著去居酒屋不停吃吃喝喝，直到差點趕不

上末班電車才踏出店裡。算算從中午約好碰面，我們已經一起待了將近十二個鐘頭。雖然腰腿因為踩天鵝船和四處亂逛而疲憊，精神層面卻沒有絲毫倦意。

能夠你一言我一語互相抬槓的閨蜜，確實是無可取代的無價之寶。可是，我同樣難以割捨不必釋放腎上腺素的愜意時光。

「女主播」揚眉吐氣時

我從星期一到星期五上午十一點至下午一點，在TBS廣播電台主持《Jane Su的生活謾舞》節目。

把一天當作舞台長劇來看的話，上午十一點就是最初的中場休息時段。如果是家庭主婦，那便是將丈夫和孩子送出家門，做完需要立刻處理的家事後的喘息時刻。如果是開公司車到處跑業務的上班族，也許是開完早會、拜訪了一名或兩名客戶後，去便利商店買杯咖啡稍微休息的時候。

這個節目是由TBS的幾位主播與我共同主持。星期三的小倉弘子主播請育嬰假期間，就由資深的長峰由紀主播代打主持。

長峰小姐是個超級相撲迷。一聊到相撲，平時一臉嚴肅的她立刻綻開笑臉，滴溜溜的大眼睛愈來愈明亮，顯得無比動人。

她在工作上十分嚴謹，與年輕工作人員討論時一點也不馬虎。換句話說，當她覺得有問題，就會咄咄逼人；遭受

詰問的工作人員也不甘示弱地頂回去，簡直就像相撲的親方*訓練新進弟子似的，場面相當劇烈。

話說回來，好像還有不少人把女主播當成「花瓶」看待，但實際上大錯特錯。女主播與男主播同樣是一門專業技術職業，若沒有持續精進，或少了與生俱來的判斷力，根本不可能做得長久。

請各位試著錄下自己朗讀這篇文章的聲音，再放出來聽聽看。應該會有不少人十分驚訝，自己的發音竟然如此拙劣，聽起來一點也不像平時所用的語言吧。比方說，是不是把「相撲」的發音說成「ㄒㄧㄤˋㄆㄨ」呢？「ㄒㄧㄤㄆㄨ」才是正確的。音量大小是否一致？音程會不會不穩定？語尾能清楚發音嗎？留意這些重點後再去聽新聞播報，自然明白主播的專業技術多麼高明。

儘管如此，我也曾經戴著有色眼鏡看女主播，認為她們就是「外貌亮麗的幸運兒」。不過，當我與她們個別相處後，不禁為自己的偏見感到汗顏。

將女主播包裝成偶像，並以此作為宣傳賣點，是在八〇年代後期。富士電視台傾全局之力，帶頭量產「女主播」吉祥物。就年紀來說，長峰小姐便是「女主播」熱潮的第一代。

文章篇幅雖不足以道盡這股熱潮的功過，但這項罪過很明顯的，便是帶給社會大眾與我曾有過的偏見如出一轍的印象。

這群「女主播」就是被男人捧在手裡，做著輕鬆工作，幾年後便嫁給名人、宣布辭職引退。但真的是這樣嗎？

打扮得美美的，臉上永遠掛著笑容，言行舉止最好表現得彷彿少了丈夫就成不了事；實際上卻是少了妻子，家便不成家。然而，這種稱妻子為「賤內」的行為，和把女主播當成「花瓶」的行徑沒兩樣。總歸一句話，這世上沒有所謂的賤內，當然也沒有形同擺設的女主播。「女主播」一直是默默付出的無名英雄。

人們常揶揄「女主播」界年過三十就該退休了，但是就我所知，只要具備專業能力與實績，不管到了幾歲都能在TBS擁有一片天。憑自己的努力就能獲取這份成就，這可不是事先準備好的，而是需要過人的膽識。

年屆五十五歲的長峰小姐，今天同樣忙著錄製廣播電台與電視節目。因為許多人都指名要和長峰小姐合作。最令我驚訝的是，她一直以來都是裸眼用那雙大眼睛看稿，直到最近才說看螢幕和手邊的稿子感到頗吃力。

＊親方，相撲道場的掌門人。

「要是裸眼再也看不清了，我就功成身退啦。」長峰小姐打趣說。我連忙阻止她。

播報台上出現戴著閱讀眼鏡（俗稱老花眼鏡）的女主播，不就是「女主播」揚眉吐氣的最佳證據嗎？戴著眼鏡的模樣，便足以說明女主播不再是青澀笨拙的代名詞了吧？

但願有朝一日，有職種能讓女人在公司組織裡，一路工作到屆齡退休為止，給後進同仁留下好榜樣。我帶著如此心願，送給長峰小姐一副大紅色閱讀眼鏡。

一份工作做得長久的必要關鍵，便是以真摯的態度面對工作。這一點應該適用於任何工作吧。

我當教母了

長年住在倫敦的朋友，隔了許久回國一趟，這回是和四歲的女兒及伴侶一起凱旋歸國。

她原本計畫這趟回來都待在家鄉關西，但是難得回來，她也說可以順道來東京玩一天，於是決定去動物園逛逛。俺可是上野動物園全年通行證持有者呢，嗯哼。

她和我在美國同一所大學留學，兩人一起度過了約一年時間。留學生的不二法則，就是「不要跟本國的留學生膩在一起」；可是我們遵守不了，因為實在太臭氣相投了。

那時候，我們結識了許多美國人及各國的朋友，不過，我們也會和日本的留學生一起瘋，最後連美國的學生都用我們亂教的日語自己鬧著玩。我們本來是要學習英語和美國文化，但搞不好只教美國人亂七八糟的日語就回國了。

我與她因此結緣，交情長達二十多年。話雖如此，這幾年來，雙方也頂多在臉書上看看彼此的近況而已。

我非常適合大而化之且朝氣蓬勃的美國，相較之下，深思熟慮且個性沉穩的她，喜愛的則是英國。自從她獲聘在當地的公司工作，已在倫敦安安穩穩住了超過十年。了不起！

四年前，她拜託我：「你當我女兒的教母吧。」真是令人意外的請求啊。

教父的話，我倒是看過電影；教母應該不是女版教父吧。《慾望城市》裡的凱莉好像就當了米蘭達兒子的教母？也就是說，我必須出席洗禮儀式了？說到底，我是個佛教徒，也很難為了洗禮那一天特地飛到倫敦去吧。

看我遲遲無法決定的樣子，她說：「你不用來參加洗禮儀式啦。我信的是亨利八世當年想離婚所創立的英國國教會（Church of England），沒有那些嚴格的教條，放心吧。」

原來如此。那，我應該怎麼做？面對更加困惑的我，她繼續說：「我希望你是能夠鼓舞我女兒的教母。你就保持你原來的樣子就好。等我女兒長大了，請你當她談心的對象。」

這番話真是令人開心哪。「你就保持你原來的樣子就好」，這句話很難從不相干的人口中聽到呢。我真的打從心底感謝她。

儘管無限感激，我照樣過著自甘墮落的日子，連她女兒的生日也沒送生日禮物。我在這方面做得真失敗啊。

朋友每次在臉書上更新女兒的照片，我漫不經心地看著，但也被「小孩的成長速度」嚇壞了。

就這樣過了四年，終於要跟我的教女見面了。聽說她喜歡公主玩具和粉紅色，所以我去百貨公司的玩具區，買了印有《冰雪奇緣》艾莎圖案的學習筷還有平假名拼圖，並把它們全部塞進粉紅色的包包裡。東買西買了一大堆的我，心情就像還沒有女兒，卻先有了孫子的爸爸。

雙方正式見面那一天，教女因為害羞，一直不敢正眼瞧我，但是相處久了之後，她也慢慢敞開心房。開懷的笑

容像太陽一樣燦爛，非常可愛。

晴朗天空下，朋友的伴侶或牽或抱著小女孩，陪她四處觀賞北極熊、大猩猩與獅子，並在各個動物籠舍前，淺顯易懂地為小女孩解說。疼愛孩子的好爸爸模樣令人感到溫馨，看得出來他對孩子的教育相當認真。

朋友和女兒及伴侶，是生活在一起的「家族」；但是伴侶並不是她的「丈夫」。在英國即使不結婚，也不會在行政及社會方面出現育兒困難的問題，所以她似乎覺得沒必要結婚。

真令人羨慕。不論她們選了哪一條路，都能享有同樣的權利。能讓每位市民公平擁有複數選項，足以證明社會是

豐富多元的。如果「你這樣做，只能得到這種結果」，未免令人窒息。而我們就生活在這樣的國度。

由衷盼望日本有朝一日也能如此多元和諧。哦對，拜託快點通過夫妻別姓*及同性結婚吧。

只要沒有人蒙受不合理的損害，選項自然是多多益善。因為，幸福的形式多彩多姿。

* 夫妻別姓，指生活在同一戶籍下的夫妻，可以採用不同姓氏。

與戰爭的種種接觸點

人生在世，每個人一定會遇到一些事情，讓自己不由得心想：「我真是沒用的廢物。」遭受輕視、遭到無端指責，這些不合理的事情實在常有。當環境改變，也有可能突然失去過去視為理所當然的一切。

一旦遇到這些，好不容易培育起來的自我肯定力就會一下子灰飛煙滅。我就經歷過好幾次。

前幾天，我和共同從事某件工作的夥伴一起聚餐。前後歷時兩年的企劃案陷入難產，彼此都頂著龐大壓力面對挑戰，最後總算完成了任務。

由於工作進展始終無法如我所願，讓我不時嘔氣，給她添了不少麻煩。再加上付出的辛勞得不到應有的回報，使我的自尊心一再受挫，難免又遷怒於她。

這件工作就在緊繃的氣氛下結束，所以我帶著賠罪的心情，邀她共進只有我們兩個的慰勞會。她也爽快地答應了。

工作一畫下句點，我們之間的隔閡也煙消雲散，盡情大吃，開懷大笑。最

令我開心的是，我倆的距離才一個晚上便拉近了許多。

其實我很久以前就想問她一個問題：為什麼年僅三十多歲的她，這麼熟悉第二次世界大戰的歷史？

她對日本近代史懷有濃厚興趣，跟日軍有關的戰爭電影若是上映了，一定會去捧場。看了她的社群網站，我才知道每逢八月，她就會把戰爭相關的特別節目一一錄下來觀賞。既然我們不再那麼見外，她或許願意跟我說說其中的理由吧。

當我鼓起勇氣開口詢問，答案卻出乎意料之外。她說自己是這幾年開始對過往的戰爭產生興趣。

她之前是在家鄉工作，三十五歲以後毅然決然拋開以往的職涯，隻身來到東京投入截然不同的職場環境。據她所說，起初一點也不順利，常常被年紀比她小的人迎頭趕上。自從離鄉背井在陌生的土地生活，她一直覺得自己很沒用。

那段期間誰也不重視她，雖說是自己決定走這條路，但夜深人靜時，仍不免感到茫然：「我怎麼這麼慘？」那時候的她，想必飽受看不見未來的焦慮所折磨吧。

就在此時，她偶然讀到了核爆受害者的手札。

日本有一群人的生活，突然在某一天無端遭到徹底毀滅，地點就在廣島與

長崎。

核爆的災害無止境地影響整個人生，甚至連第二代、第三代都遭受不合理的歧視。非同小可的怒火、沉痛至極的哀傷、悽慘無比的失落。

到底該如何在暗無天日中力圖振作？並且鼓起勇氣向前邁進？據說她想在手札裡尋找突破自身瓶頸的線索。

二〇二〇年，我們迎來終戰七十五週年。儘管心裡明白，現在的日本無縫延續了當時的日本，但是，身為「世界唯一核爆受害國」，這項事實未免太沉重。即使想細嚼慢嚥化為血肉，也因為體積過於龐大而難以吞嚥。

每次聽經歷過戰爭的人回顧過往，不禁為生活幸福的自己感到愧疚。由於日本既是加害者也是受害者，我實在不知如何是好，究竟該如何負起責任？我找不出當時的日本與現在的我有絲毫關連，心中充滿了困惑。

然而，她坦然接受現在進行式的自己，正是無縫延續了那一天的日本。廣島與長崎的殘酷遭遇所留下的心靈創傷，經過調適後學會活在當下，樂觀積極地面對任何事情。

真是一語驚醒夢中人。

與其只把慘烈的戰爭當作心中不可抹滅的職責，不如將它視為支撐日常生活的枴杖，既貼身又可靠，不是更

有意義嗎？沒必要誠惶誠恐，也不需要心中有愧。

我為自己動不動嚷著希望世界和平深感汗顏。我也應該把戰爭當成切身之事，試著找出自己與戰爭的接觸點。

做江戶切子做到中暑

我們「不起眼女子會」有個計畫，當酷暑稍稍緩和，就要去體驗江戶切子*。這是我們幾個第一次一起做手工藝品，有點小小期待。

梅雨季還沒結束，當天卻是豔陽高照。雖然感激這萬里無雲的晴朗好天氣，但是氣溫足足超過三十度，上午才在集合地點站著等人，就已經熱到發暈。至於上回的上野探險則是在冷得要命的三月天，我們出遊總是天公不作美。

由於實在酷暑難耐，我們忍不住搭計程車前往步行十分鐘就能抵達的場所。原本就不起眼了，要是還中暑，教人怎麼受得了？我們欠缺體力，但是不缺小錢唷！

抵達目的地後，店裡陳列著色彩繽紛的江戶切子。除了紅、紫、藍等傳統

* 在玻璃器皿表面上切割、磨刻花紋的日本傳統玻璃雕花工藝。據說是一八三四年由江戶（現在的東京），大傳馬町經營玻璃店鋪的加賀屋久兵衛所創。其後經過英國技術指導，導入西式切割技法。

色彩之外，「薄青色」及「薄綠色」的玻璃杯也很美。上面的紋飾有古樸的菊花及麻葉紋樣，也有動物及晴空塔形狀的現代風圖案。每一種看起來如此沁涼，令人暫時忘了外頭的暑氣。喔，也多虧了店裡的冷氣啦。

江戶時代的夏天雖不像現代這麼熱，但不管怎麼說，當時可沒有冷氣。所以老百姓只能發揮創意，透過視覺及聽覺捱過暑熱吧。捧起江戶切子，指尖摸索過細緻的紋樣，即可感受到一股涼意。深刻雕紋的觸感格外別緻，令人愛不釋手。

盡情觀賞店裡的江戶切子後，一行人移步前往隔壁的工作坊。雖說是體驗，卻是和專業師傅使用同樣的機器，心裡不免緊張。

首先練習使用機器，在透明的厚玻璃上雕出刻紋。這真的很難。不施點力氣壓在磨輪的話，就無法切削出紋路；但是一般都有先入為主的觀念，認為「玻璃是易碎品」，所以做起來提心吊膽。

最後總算豁出去，大著膽子壓下去，玻璃彷彿厚實柔韌的花生糖，慢慢產生變化。壓玻璃時的觸感，也滿像划船時槳葉遇水的阻力。

接著挑選正式雕刻時的玻璃杯。老闆說：「深色玻璃杯較不好做，因為很難看清楚磨輪的砥石與玻璃的接觸點。」我好喜歡深紫色，於是選了它。

下一步就是用筆在選好的玻璃杯上畫出想要雕刻的紋樣。斜眼瞄了一下，「不起眼女子會」裡有的人頗具繪畫天分，不禁為毫無美感的自己感到沮喪。

雕刻工序分成三個階段。

第一階段是粗磨。我試著將剛才畫的線條對準磨輪切削，卻老是對不準。沒多久就為自己的傲慢深感後悔。選擇淺色玻璃杯的不起眼成員，正得心應手地粗磨著。不起眼的人，倒是滿有自知之明啊。啊，不可以這麼壞心眼，人家搞不好單純喜歡淺色而已。

粗磨結束後就要更換機器，將玻璃杯的刻痕雕得更細緻。由於施力的強弱會影響線條的寬度及深度，讓我內心緊張得怦怦跳。每次在師傅的指導下，將玻璃杯拉近身前切削，看著刻紋逐漸浮現，儘管線條粗拙，心裡還是高興得不得了。看來玻璃杯有乖乖任我擺佈啊。

製作過程比我所想的還要愉快，簡直開心得直冒泡。我全神貫注地製作，連別人的呼喚也沒聽到。到底有多久沒如此專注做一件事了？我的腦袋頓時清醒了不少。

我們切削了差不多一個鐘頭吧，後續就由師傅打磨，完成獨一無二的江戶切子。雖然最後是由專家修飾而成，依然有收穫滿滿的成就感。

洗掉切削粉塵的玻璃杯，終於端到我們面前。玻璃杯的底部是菊花紋樣，

側面則是刻得深邃的直線條煙花紋樣。對我來說，算是做得不錯了。

選擇薄青色玻璃杯、又有繪畫天分的某位女子，在上面雕刻了煙花、水珠及晴空塔的圖樣。看起來真美，做得比我漂亮百倍。你今天啊，就是最棒的！

體驗結束後，興奮之情未減的我們就這樣一路走到車站。事後回想，我就是從這段路開始有點發暈吧。或許是直接曝曬在陽光下，我的頭逐漸痛了起來。

明明有注意了，還是輕微中暑。工作坊雖然涼爽，卻因為做得太認真而忘了不時補充水分；從工作坊出來又在大太陽底下走著；還有，前晚睡眠不足也遭報應了吧。

聽說「熱中症*」是在不知不覺間中招的，實際上真是如此。因為我也非常熱中江戶切子，所以是連中兩次熱中症。

當晚，我往自己做的玻璃杯裡倒了氣泡水，加點冰塊慢慢享受。冰冷的玻璃杯上，浮凸的紋樣顯得更美，我已沉醉在指尖輕撫刻紋時的銷魂觸感了。

*日語的中暑稱為「熱中症」。

離婚與親權

當初穿著潔白婚紗，含笑離我們遠去的幾個閨蜜，卻在踏入四十大關後，零零散散地回到我們岸邊。歡迎歸來！

此處乃是位於岸邊的單身村，與對岸的已婚村遙遙相望。對於悠哉度日的我們來說，最開心的莫過於傳來同伴歸來的喜訊。真好真好，可喜可賀。像矢切渡船*一樣，來來回回不就好了嘛。

值得慶幸的是，我身邊沒有人是在無可奈何的情況下離婚，全都是希望過得更幸福而選擇恢復單身的勇者。她們並不是冷不防說要離婚，而是經過深思熟慮，由自己主動提出離婚。

她們與前夫的關係也形形色色。有的完全失聯，有的則是同心協力投入育兒，關係變得比以前更好。

對我來說，最開心的是之前有點不

＊東京著名的旅遊景點，從江戶時代初期延續至今的傳統交通方式。

太好意思揪她們晚上出來聚會，但現在可以毫無顧忌地開口邀約了。就像前幾天，我也邀了兩位離過婚的閨蜜，去麻布十番大啖烤雞串。

至於離婚後的改變，換句話說，當我問到「離婚經驗談」，她們兩人異口同聲說：「好多人都來找我們談離婚的事。」一問之下，我才知道曾考慮過「離婚」二字的已婚者，平時都會尋找合適的商量對象。

確實如此呀，已婚者向單身村吐的苦水也頂多罵老公而已，幾乎很少人會來找我們商量實際上的種種問題。回想起來，聽到她們離婚的消息時，大多已成定局，只是像報告決定事項似的說一聲：「我已經決定了。」

日本過去曾有「三對夫妻裡有一對會離婚」的說法，然而，如今離過婚的人，感覺比已婚者少了許多。應該有不少人想離又離不了吧。有的人還是會擔心離婚的後果，或者孩子年紀太小不好離婚；也有的人是生活沒有著落，不得不勉強維持婚姻。因此，煩惱的已婚者一旦發現身邊有人離過婚，就會忍不住搶著詢問吧。

當酒意上來，那位與前夫攜手投入育兒的閨蜜開始發牢騷。

她的孩子們目前與前夫同住，親權歸前夫所有。這是雙方考量孩子的成長環境，詳細討論後的結果，與家族感情

好壞無關。

閨蜜離婚後，在前夫家附近租了房子，每天早上都會替孩子做好便當送過去。她會以一家人的名義共同出席學校的活動，孩子們學才藝的費用也是與前夫一起分攤。

她可以自由出入前夫家，與孩子們也幾乎天天見面。這種例子應該不多見，但至少我們看得出來，新的家族型態充分發揮了功能。感覺她與孩子們都十分幸福。

這是他們的相處模式，然而，似乎有人在背地裡閒言閒語，說她是「拋棄孩子的女人」。外人不只質疑她身為母親

的職責，甚至還多嘴：「孩子跟前夫真可憐啊。」

這番話聽了實在令人沮喪。怎麼就沒有人說「拋棄孩子的男人」呢？我不確定有沒有人這樣說，但日後也許會有人開始同情前夫，大力稱讚他是個「了不起的父親」吧？

話雖如此，當我看到藝人離婚的消息，提到「親權歸父親」時，一樣會以小人之心揣測，是不是有什麼不可告人的原因？因為一般人自然而然認為孩子應該跟母親在一起。

關於這件事，她的前夫曾說：

「一聽到親權沒有歸母親就皺眉頭的人，等於認為父親沒有能力養小孩。

實在令人火大。」聽了頓時啞口無言。

「有母親在就好。」這種想法，實際上包含「父親不懂得養小孩」的主觀認定。無形中根深蒂固的社會規範，才是最難搞的啊。

所以我一有機會，就得好好教育自己：「時代已經變了。」

自主性單親媽媽

我有個高中同學，與法籍男士結婚後就住在「海外縣」。所謂的海外縣，是法國對歐洲以外所有土地的統稱。我也是在她隨夫婿調職而遷居印度洋上的留尼旺島（Reunion）時，才知道這種說法。

祖母綠海洋、白色的沙灘、壯麗的夕陽。她上傳臉書的照片，總是美得令人屏息。原以為她早晨散個步就能拾獲野生芒果已經很不錯，沒想到自家院子裡就種著香蕉樹。每天簡直都像在度假嘛。讓人忍不住嘆息：「好好哦——」

要在這座與自己毫無淵源的小島，安然無恙度過每一天，絕不是一件輕鬆的差事。生活中應該有我難以想像的艱辛吧，更何況她們那裡常常停電。

對於習以為常的便利生活不以為意的我，反倒羨慕起她來，但是她肯定會說：「我們很辛苦的耶。」即使如此，她看起來仍是非常幸福。那燦爛的笑容簡直就像芙蘿拉。

芙蘿拉是我小時候電視台播放的世

界名作劇場《不可思議之島的芙蘿拉》（ふしぎな島のフローネ）的主角。故事描述一家人遭遇船難，儘管飽受大自然的考驗，依然攜手努力在無人島生活。

與某個人組成家庭，遷居難以想像的陌生土地，雖說不至於漂流至無人島那樣，感覺上仍是充滿戲劇性。我也不是沒有嚮往過這種人生，但是我說什麼也沒辦法為了「因為是一家人」的理由而天涯海角一路相隨。

至今依然有不少女人因為丈夫調往海外而辭去工作。對我來說，要我與工作一刀兩斷幾乎等於宣告死亡。就算想在遷居地工作，光靠配偶簽根本很難找到令人滿意的就業機會，基本上，主要的職責就是待在家裡照顧家人罷了。

再過十年，這種情形就不再侷限於女人吧。話雖如此，由於過去以「丈夫比較會賺錢」占大多數，使得妻子一大半的人生都託付在丈夫身上，但本質上來說，家族往往有一種傾向，「不論男女，有經濟能力的一方，通常會綁住另一方的人生。」如果會賺錢的是女人，她們便無法理解，為什麼非要為了賺錢能力和自己差不多的男人放棄大好職涯？然而，一般人觀念還跟不上社會變遷的腳步。順從男人，才是好女人。我已經看過太多女人因為無法接受這一點而錯過適婚年齡。

坐二望三的閨蜜有個論及婚嫁的男

友，當對方調往海外工作，她說她很驚訝自己一點都不想跟他一起出國。明明都已苦口婆心說爛了嘴，她還是重蹈了我們的覆轍。不過，我覺得那也沒什麼不好。

我有個朋友，跟我說她生了小孩。我連她懷孕的事情都不知道。她年約四十出頭，未婚。生產後，不清楚有沒有和稱得上是孩子父親的人一起生活。

話說回來，我也有朋友利用精子銀行去國外借精生子。她一樣是未婚，就我認識的人來說，我知道的自主性單親媽媽用一隻手數得出來。

美國將自主性單親媽媽稱為ＳＭＣ（Single Mothers by Choice）。好萊塢女星劉玉玲（Lucy Liu）就是以人工代孕的方式成為ＳＭＣ。

事實上，關於「丈夫調職，我到底要不要跟著過去？」這類話題有日益增加的趨勢。也許我們終將迎來女人與孩子不必依附在「生小孩」與「結婚」的條件之下，照樣能過著幸福日子的時代。而這些女人的共通點，就是經濟上有餘裕。感覺愈來愈像科幻小說啊。

我不禁想像得到未來的情景，結婚不再是繁衍子孫的必要條件。有朝一日，日本也許會引進類似法國的民事伴侶結合法（Pacte civil de solidarité, PACS），由兩個相同性別或不同性別的成年人以共同生活為目的而締結契約，

讓生孩子不再是一件難事。

儘管如此，我沒想到這麼快就出現以社會地位及經濟能力為骨幹的自主性單親媽媽。如今增加家族成員的途徑愈來愈多元。

現實生活的發展總是超乎我們的想像。少子化問題的解決之道，或許出乎意料之外。女人用子宮生小孩這種行為，頂多再維持一百年左右吧？

幸好身為女人

當我在文稿裡寫下「女人的一生，宛若鮭魚」這句開頭，便給仔細審查內容的校對人員及編輯部一再添麻煩。

鮭魚的稱呼會隨著成長期或發現地而改變，例如「時不知鮭*」與「目近*」。這僅是個人的感想，但我覺得女人在不同時期而有女兒、妻子、母親、奶奶等不同的稱呼，這一點和鮭魚很像。鮭魚為了產卵而洄游至出生的河川，就像女人回娘家一樣。

我是女人，但不是鮭魚，而是鱒魚。

因為我目前只棲息在「單身」這條河裡。還有一種說法認為：「就生物學來說，

＊時不知鮭（時知らず），白鮭的一種，主要棲息在俄羅斯。鮭魚的習性通常是在秋天洄游至出生地產卵後即死亡，「時不知鮭」則是在四月底至六月中的春夏交接之際，提早往出生地洄游，並在游經北海道時被捕獲。

＊目近，主要棲息在本州的鮭魚。洄游產卵前就在北海道及東北部沿岸被捕獲。因為還沒完全成熟，鼻尖尚未變長，使得眼睛與鼻子的距離很近，故稱為「目近」。

降海洄游的鮭魚，與在河川度過一生的鱒魚沒有明顯的差異。」在河裡度過一生、沒結婚也沒小孩的我，就是鱒魚。結了婚、倘佯在新家庭這片大海裡，也生了小孩的女人，就是鮭魚。連我自己都覺得這是絕妙比喻。

然而，事情沒那麼簡單。有的鱒魚一樣會降海洄游，鮭魚與鱒魚的生態相當複雜，實在難以分類。校對部好幾次都用紅筆圈起來退給我，認為「不確定真是如此」。不過，「充滿不確定性」這一點，倒是挺像女人的。

剛轉換人生舞台時，鮭魚與鱒魚之間便開始出現分歧。就算偶爾聚會，有孩子的鮭魚組談的都是育兒話題，鱒魚在工作上的煩惱，只有跟鱒魚組才聊得起來。因為鮭魚對大海的知識日益豐富，鱒魚對河川的見解也愈來愈深刻，這只能說是無可奈何。不過，這也僅是時間的問題罷了。

常常聽到年輕女孩嘆息：「好友生了小孩後，我跟她愈來愈沒話聊。」我只能安慰她：「你們不是感情生變了，只是很難找到共通話題而已。等她育兒告一段落，到了四十出頭的年紀，你們的感情自然會回復以往。」

前幾天，我與閨蜜三人一起聊天。已婚沒小孩的A有氣無力地說：「我父

親出現失智症的輕微症狀，不得不送他去短期照護機構。」一向悠然自得的她，難得看起來有些緊繃。入住機構之前必須把父親所有個人物品都寫上名字，對於沒有小孩的她來說，這項工程還是頭一遭。

於是，有兩個孩子的B伸出了援手。如果要直接寫在個人物品上，油性簽字筆最好用。如果不需要常常洗，可以把名字寫在標籤紙上，再用膠帶繞一圈黏好。A和我讚聲連連，不愧是內行人的妙招啊。

看著兩人的互動，不禁讓我心情激動。A十分熟悉不動產，去年B在評估買房時，A提供的建議就連專業人士也相形見絀。這回倒是換B幫忙A。

難得讓我打從心底感嘆，幸好身為女人。我們雖然一度各走各的路，鮭魚與鱒魚終究齊聚一堂，毫不藏私地分享各自在棲息地所獲得的知識，這些就是我們的財產。包容彼此的多樣性，等於擴充自己的智慧與知識。我們已經比社會早一步實現這項理想。

不過，還是有些問題尚待解決。選擇鮭魚之路的女人，在生產期間暫時離開工作後，等到育兒告一段落，往往想要再次投入職場。近幾年來，因為結婚或生產而離職的人逐漸減少，使得俗稱的M型社會有趨緩的跡象，但是當初不得不離職的女人，想要回復與生產前無

異的職位，這種機率仍是偏低。

　　這個問題要如何解決呢？光是增加托兒所，真的就能解決問題嗎？非得靠自己努力填補暫時停職的空窗期嗎？明明是帶著公司裡學不到的滿身智慧與知識回歸的啊？

　　我們或許真的需要一套回饋社會的體系，讓希望復職且有過育兒經驗的人得以貢獻自己的智慧與知識。否則，那些認為「工作本來就要做到退休為止」的男人，就會怕得不敢請長期的育嬰假啊。

　　這一點，我覺得連職業婦女想想都會怕吧。

現實中的妖女

「令人難忘的女人」有許多種。有的像是憑難以捉摸的魅力，將愛人帶往毀滅之途的妖女。有的像是愛人心目中的解語花，在每一次回憶裡美化得猶如完美女神。有的像是前妻或老伴，忽然間就想知道她的訊息。種類不勝枚舉。

要是被妖女耍得團團轉，對她的迷戀想必久久難以消散吧。會放任自己任性的完美女神，一旦離去，失落感也無以復加。前妻或老伴帶給自己的親愛之情，肯定像是想起遠方好友的懷舊感。

我非常能理解，為什麼這些女人如此令人難忘。

我的閨蜜之中，也有讓男人難忘的女人，不過，她不屬於任何一種類型。她是豪爽健談的職業婦女，可沒有玩弄愛人的那種手段。她也不是在背後默默支持男人的那一型，更不會欲擒故縱。但是，她永遠都有男人對她念念不忘的故事可說。

分手超過五年的前男友，每天都會去她的 Instagram 給貼文按「讚」。還

不只這樣，她四年前在六本木被搭訕後，從此不曾見過面的男人（也就是她根本沒把人放在心上），竟然特地上臉書找到她，主動與她聯絡。

曾有人往她的住家郵箱裡投遞沒有貼郵票的信件。寄信的是交往過幾年的男人。直接找到她家裡確實有點可怕，但最恐怖是分手三年後才找上門。對方為什麼突然想起她呢？

也有個前男友每年都會在她生日那天捎來慶生的郵件。去年她常去的一間復健科診所，施術者（超年輕的人）就常打電話給她，談的都是與治療無關的事。不禁令人懷疑對方的職業道德啊。

或許有人認為應該拒絕這一切，明確表示：「別這樣。」但是，這一點很難做到。因為他們只是單純想聯繫她，沒有任何要求。

說起來，幾乎沒有哪個男人跟她說：「我想見你。」倒是有個男人僅在高中時代跟她一起露營了三天，竟然就追她追到出差的地方，請她吃了一頓浪漫晚餐。這算是即為罕見的例子。

基本上，那些男人都是透過電子郵件或社群網路，簡單報告自己的近況，藉此問問她的情況而已。你說，這不就是朋友關係嗎？感覺又不太一樣。因為他們的字裡行間毫不掩飾地透露近似美好憧憬的浪漫氣息。

真要說的話，那些男人的表現方式

像是對待親愛的恩師。他們還不至於稱她一聲「老師」，但是會定期報告自己的近況並請安問候的對象，除了恩師還有誰呢？莫非他們從她身上學到了什麼寶貴的教誨？

因為每個人都是這副德性，所以她始終找不到時機告訴他們：「別這樣。」沒有女老師會對學生說這種話啦。

她不喜歡被人家認為是自我意識過剩，再說那些男人差不多一年與她聯繫一、兩次而已，她也就勉為其難應付一下。不過，如果有五人或六人一年與她聯繫一、兩次，那也會是令人疲於應付的災難。

當我揶揄她：「你還真是個妖女啊。」她則是滿臉苦澀。人家想聯繫就聯繫，感覺自己好像被看輕了。我的前男友幾乎不會回頭與我聯繫，反倒讓我有點嚮往她這種情況。

妖女的法語是「Femme fatale」，也有宿命之女的意思。雖然單方面被人當作宿命實在令人忍無可忍，但是那些男人確實有點被她煞到了吧？

如果是欲擒故縱的心機女，我根本連理都不理：「隨你高興就好。」如果是弱不禁風的嬌嬌女，我倒是會擔心她是不是受人所迫。可是，我朋友不是以上兩種。不管怎麼說，她是我的閨蜜。

換句話說，她與每個人想像得到的妖女

形象大相逕庭。說得具體一點，她算是「妖師」吧。呃，什麼跟什麼啊？

這位 Femme fatale 不斷引發各種事件。最近，這位恩師型 Femme fatale，又收到了某人的定期聯絡。難道那些男人只是不希望自己被遺忘嗎？不然到底是為啥啊？實在令人百思不解。為了解開謎底，我只能繼續觀察了。

截至目前為止，我不預期有哪個男人敢鼓起勇氣越過雷池一步。要是真有人站出來了，她大概也只會水到渠成似的說一句：「別這樣。」

chapter 2

中年姊妹們，
掌握好人生的方向吧！

朝著陽光照射處前行，少不了反覆修正路線，

在不斷嘗試的過程中，

「我不喜歡這樣！」「我希望變成那樣！」

內心會逐漸浮現明確的意象，

這就是中年人生方向吧！

我對自己的歐巴桑宣言

二〇一八年五月十日那一天，我四十五歲了。雖然還算年輕一輩，但也可以說毫無疑問堂堂邁入歐巴桑世代。我已經看開了。

這可不是死要面子。看著肉體比以往老化得更明顯，我甚至感到開心，因為能藉此意識到：「哦，這樣下去肯定會死掉啊。」我的身體開始出現毛病。這對向來有恃無恐、大量揮霍健康本錢的我來說，可說是前所未有的難得體驗。

我可沒有就此放了一百二十個心。如今嘴角周圍不僅多了下垂的嘴邊肉，還長了那種突起來的黑斑。長了就長了吧，我就跟它槓到底。我才不想扛著傳統歐巴桑這塊招牌。雖然人終將一死，但是這個時代說什麼也要活到一百歲才夠本，所以有必要建立新的歐巴桑形象。我可是請了私人健身教練一連鍛鍊了九個月，姑且不論結果如何，我這個新手歐巴桑突然充滿了幹勁。

我是什麼時候開始自稱歐巴桑的呢？大概是一字頭的尾聲吧。現在想想或許很可笑，但我當時確實認為「過了二十歲，就是歐巴桑了」。

話雖如此，實際上根本沒有二字頭的歐巴桑，甚至連歐巴桑的預備軍都稱不上。真要說的話，連大人都不算吧。二字頭時，每天都在四處燃放青春，像拉砲一樣，引起周圍一陣騷動簡直就像例行公事。

即將邁入三字頭時，這回的心態像個旁觀者，大多是男人開始用「歐巴桑」一詞揶揄自己。我非常清楚這是對方半開玩笑的話，所以我完全不會當真。想是這麼想，有時候仍會強忍內心的焦躁，裝作沒被傷到，可是心裡確實不好受。

真正踏入三字頭後，開始有同輩中人以歐巴桑自居。同時也產生了絕不容許自稱歐巴桑或別人以歐巴桑相稱的群體。她們透過態度及言詞強烈排斥歐巴桑，彷彿「這世上根本不存在歐巴桑這種東西」。就像歐巴桑糾察隊似的專挑人語病。這也有令人窒息的一面，歐巴桑一詞與三字頭的年紀絕不能說合適。

來到四字頭，一方面用「四十一枝花」這句話撐著自己，一方面費盡千辛萬苦適應肉體的變化，一轉眼間就四十五歲了。

不知道是不是眼睛慢慢出現老花的關係，一到黃昏時分就覺得視力模糊。

電腦畫面也很難看清楚。不過，內心的視野卻變得豁然開朗。何等神清氣爽！我在自己眼裡及別人眼裡都已經是歐巴桑了。

一開始是裝模作樣地自稱歐巴桑，有時是對方捎來的揶揄嘲弄，歷經同輩中人的宗派分裂，我終於發現自己已能坦然接受歐巴桑一詞了。這不是說給誰聽的，而是我對我自己的歐巴桑宣言。

應該把「我就是歐巴桑」的全區通行證發給真正的歐巴桑。只要念出這道咒語，對方通常會識相地就此作罷：「算了，沒辦法。」以前就是個假歐巴桑，所以不見容於社會。

如果是面對不知道長相的一般人，大可裝傻一笑帶過，但這時候同樣能搬出這道咒語。只要說「我已經是歐巴桑了啦」、「因為是歐巴桑才會這樣啦」就行了。不必太深究其中的道理，也用不著不懂裝懂。畢竟是歐巴桑嘛。不知道是理所當然的吧？我打算把這張全區通行證掛在脖子上，扭轉一般的歐巴桑形象，盡情嘗試各種可能。

當一般人嗤之以鼻地認為「歐巴桑就是這樣啊」，那是再好不過。千萬別讓人家知道我真正的企圖。

啊——好想快點念咒語。我已經是巫師了啊。

自由業者的孤獨

時隔八年，我給自己放了一個漫長暑假。目的地是峇里島。

這是我第一次造訪亞洲的度假勝地，所以稍微狠下心來預定一間不錯的飯店。我打算悠閒地躺在沙灘上或在游泳池畔享受果汁，並且睡到自然醒。雖然跟平時休假在家的行徑沒兩樣，但是換換環境，想必會有個無比美好的假期。

就在動身享受長假之前兩個晚上，我還在寫這篇稿子。我的工作還沒做完，到底能不能在出發前忙完所有事情啊？

過去一直沒辦法放暑假的最重要原因，就是工作。現在也一樣，一旦開始工作，就忙得團團轉。三十多歲的時候尤其忙碌。雖說是我自己的選擇，但我不太建議別人這麼做。

大約八年前，我卸下上班族的身分回到老家。由於種種原因，我開始幫忙家裡的工作。

說是回到老家，其實都在東京都內。當年硬是逞強一個人在港區生活，如今搬回文京區的老家，也不過相隔三十分鐘的路程，所以我並沒有想太多。那時候，我還沒開始寫文章、上廣播電台做

節目。

家裡做的是小買賣，除了我以外，沒有其他正職員工。父親也跟退休沒兩樣。我的工作就是在這僅僅一人的小辦公室裡，無止境地等待打來就得接的電話。不過，電話幾乎不會響起。但只要有人打來，就非接不可。這種感覺頗煎熬吶。

接到電話後，就按照客戶所說的打包商品，等待宅配業者來收件。長這麼大，第一次做可以準時下班的工作，我卻覺得度日如年。沒想到自導自演的自由業者竟然如此孤獨，真令人沮喪。

這種工作的薪水當然高不到哪去。倒不如讓我多拉一些客戶打電話來，替公司多賺一些錢好支付我的薪水。然而，我過了很長一段時間，才領悟到這一點。工作環境有保障的上班族對於薪水的認知是「在指定日期領取固定金額」，自由業者對薪水的認知則是「不想辦法賺取生活費，手邊就沒錢可用」；想要填補兩者觀念上的差距，我覺得需要一年以上的時間吧。

上班族與自由業者的操勞層次完全不同。說得不客氣一點，不管有沒有偷懶，領到的薪資金額都一樣，大多數上班族就算工作表現不錯，也很難立即反映在薪資上。有獎金的業務職務或許是例外，但這類職務的固定薪資通常較低，工作量卻相當吃重。

另一方面，做小買賣的自由業者賺得少或賺得多，全看自己偷了多少懶、做出多少成果。沒有既定的工作量固然輕鬆，但是不給自己壓力的話，業績也難以提升。

「業績」不等於「利潤」，這一點確實令人傷腦筋。花大把經費換來高額業績，結果毛利率低，手邊沒剩多少錢。雖然有時也會鴻運當頭，出乎意料地大賺，但這種情況不會長久持續。

前幾天，我心血來潮翻看當時的存摺，有好長一段時間的餘額都是兩萬日圓或三萬日圓，不禁佩服自己，那時候竟然還能活下來啊。

上班族時期的我，總是對自己得不到肯定而滿腹牢騷。然而，自從成了自由業者，我見識到的殘酷現實卻是：「努力固然值得鼓勵，但做不出成果便毫無意義可言。」既然成績不理想，當然不能要求更多權利或提高薪資。

當時的我比現在更沒出息，根本沒能力聘請額外人力。因為人事費用屬於高成本的固定成本，所以我長久以來只得過著與休假無緣的日子。

事實上，我到現在仍是有一搭沒一搭持續做著家裡的小買賣，如今總算能聘得起員工與兼職人員了。我再也不用孤伶伶守著不會響的電話，現在身邊有人可以商量，也能重溫上班族時期的日子。能和別人共享同心協力展現出來的

成果，那份喜悅是無可取代的。總而言之，我可以放長假啦！

好的，接下來一定要穩住業績、維持利潤。我一個人怎樣都行，但現在是要負責發薪水給人家的，可不能隨便說洩氣話。

不管是一個人單打獨鬥，還是聘請幫手，自由業者也許都擺脫不了孤獨。世上所有自由業者，讓我們一起手牽著手，奮發努力吧！

睽違八年的長假

唷呵！終於如願以償地在峇里島度假啦。

好不容易處理完工作，我便與男友先生出發前往成田機場。飛往峇里島的時間約八小時。

等我們睡醒，就已抵達峇里島。一踏出機場，立刻被當地的濕度嚇到，簡直就像東京的八月時節。明明是夜間，還不到五分鐘，額頭就狂冒汗。也因為天色昏暗，看不清楚外面的環境。

想說飯店會派人來迎接，於是前往指定的集合大廳，沒想到那裡已經擠滿了不下一百名來接機的印尼人。

每個人都把寫有名字的紙張舉在空中。看著極富特色的羅馬字母在空中飛舞，還是很難找到自己的名字。我拖著因為久違休假太開心而買的顯眼綠色行李箱，在大廳來來回回走著。好熱！真沒想到還有這種關卡，必須把自己的身體正確連上姓名才能開啟假期。

找了差不多十五分鐘吧，習慣了那些龍飛鳳舞的文字後，我終於找到寫有自己名字的紙板。連線完畢。

我們在接機駕駛的催促下鑽進了車

裡。車上冷颼颼的，可見空調馬力十足。總算鬆了一口氣。

駕駛打開車上音響，耳邊傳來充滿民族風情的甘美朗（Gamelan）悅耳樂聲。感覺自己真正來到了峇里島。在東京的舒壓沙龍聽到耳朵快長繭的音樂，如今終於能在峇里島實地感受。我也太奇怪了，一心想用「東京的峇里島」證明「真正的峇里島」。如果要證明這裡不是峇里島而是巴黎，那就是「啊，那就是凱旋門」。自從抵達峇里島，我一直在心裡驗證答案。

在峇里島期間，我照原訂計畫徹底放空。可惜海域太淺沒辦法游泳，但是在游泳池一樣游得很痛快。我只將美景和自己的腳尖擺進景框，拍了Instagram上常見的那一種照片。這也是一種驗證答案的方式。

每回早餐都有的熱帶鮮果汁，隨時冰得透心涼，喝下去卻是甘甜美味地驚人。不愧是度假勝地啊，我不禁一杯接一杯地痛快暢飲。

悠閒地癱在帆布躺椅上，翻看著平時沒在看的書。還得忙著一天做一次按摩。我享受著時隔八年的休假，並把腦海中「度假該做的事項」清單一項一項打勾。

期間當然也有突發狀況。所謂曬黑，指的是身體最外側的皮膚顏色暫時

變深。我本來是這麼以為的，但是年過四十後，完全是另一種情況。

說得具體一點，這種現象就像體內蠢蠢欲動的黑斑預備軍，一個個被陽光喚醒。意識到皮膚被曬得發紅之前，肩膀及胸口早就處處黑斑了。對中年人來說，太陽就只是叫醒黑斑的鬧鐘罷了。

假期最後一天早晨，我照樣點了一杯熱帶鮮果汁，第一次有服務生問我：「要加糖和冰塊嗎？」我不喜歡加了糖之後又被溶冰的水稀釋掉，所以回答兩個都不加。

啜飲著期待已久的果汁，卻發現它的味道跟之前每天早上喝的完全不同。不但黏黏糊糊地哽在喉嚨，甚至還有一股腥味。這哪是包裝得美美的南國度假勝地的水果，根本是原始土著的水果味。

搞什麼啊。原來我在此之前喝得津津有味的，全是添加人工甘味劑、經過溶冰稀釋的果汁。我竟然還讚嘆地說：「不愧是度假勝地！」

這回的果汁事件，就當是我整個假期的總結吧。而且是經過旅人美化過的假期生活實景。為避免嚇到都市人，我特地用 Photoshop 把海洋與水果處理得美美的，滿心歡喜地重現。

如此實事求是，還真像我的作風吶。儘管這段過程痛並快樂著。所以啊，這樣也很好啦！

我沒有萌芽的那一刻？

各位知道由兩位技巧純熟的饒舌歌手與一位實力超強的DJ所組成的RHYMESTER嗎？他們是從日本嘻哈（HipHop）文化黎明期活躍至今的日語饒舌團體。二〇一九年成軍滿三十年。我成為他們的歌迷也已二十八年了。

我與他們在大學時代都是靈魂樂研究會社團的成員。看著曾經玩在一起的前輩與同期同學，如今已是在武道館開過演唱會的重量級人物，真是無限感慨。

日本至今對嘻哈依然存在誤解；它不是音樂，主要是由三種元素（也有人認為是四種）所構成的文化，饒舌（Rap）則是其中一項構成元素。其餘兩種是霹靂舞（breakin'）與塗鴉（Graffiti）。至於第四種元素，則是加上DJ。

我是一九七三年出生在這世上，當時美國已存在嘻哈文化。因為這是發展了四十多年的文化，希望日本能多吸收一些正確的知識。

一般對於嘻哈，多半聯想到暴力、犯罪或「Check It Out，Yo！」但實際上不是這樣。嘻哈是由一群被邊緣化

的人們，以日常生活為靈感的創意發想，隨後形成風靡世界的文化潮流。對於愛好者來說，那是一種生活哲學。

想當年讀大學時，我身邊那群愛好嘻哈的人，用一個詞來形容，就是「怪咖」。他們留著奇特的髮型，腰間繫著鬆垮的褲子，一身打扮會讓一本正經的大人看了直皺眉頭，而他們滿腦子盡是想辦法在不花錢的情況下玩出新花樣。

這群人的外表雖然稀奇古怪，但不會專做一些違法的行為。他們是一群耀眼的人，對於既有的社會規範感到厭倦，於是興致勃勃想要創造新的價值觀，並充滿做自己愛做的事、活得自由不羈的氣魄。我打從心底嚮往他們的風采。

時光荏苒，儘管三十年過去了，RHYMESTER 依然活躍。

我今年也去看了 RHYMESTER 邀請各個領域的音樂家，共襄盛舉「人間交叉點」戶外音樂祭。會場特別設置了親子區，方便長年來的粉絲帶小朋友一起享受音樂。

當年那群九〇年代的孩子已長大成人，許多人都有了家庭，但是來到這裡，一群人像見到老朋友似的打招呼：「好久不見！」身邊還跟著可愛的小朋友，真是非常不可思議。

我看著已為人父母的這群人，望著自家孩子的眼神如此溫柔，自

己彷彿被狠狠拋棄。

這群曾經無謂世俗眼光、活得自由不羈的同輩中人，曾幾何時都生兒育女了。明明我也跟他們走過一樣的青春歲月，到底是在哪條路上分道揚鑣？為什麼大家都能成為成熟的大人呢？我也想當個成熟的大人啊，可是心情怎麼如此複雜？

雖說是有了孩子的關係，但是不會有「欸，你變了」的感覺。大家還是跟以前一樣自由不羈。不過，他們也認分地扛起自由所伴隨的責任。

如果是這樣的話，他們就是在活得自由的選項之中選擇了結婚，並且生兒育女。這對我來說是恐怖至極的事實。

因為，當我還在懷孕適齡期階段，便認為「結婚」與「懷孕、生產」象徵著放棄自由。

我也曾經無比心急地想把自己嫁出去。如今想想，那是因為在乎世俗眼光才會這麼想吧。

就像定時炸彈即將爆發一樣，不對，換個溫和一點的說法，就像地底的種子，感知春天來臨而萌芽一樣，每個人總有一段時期很想要建立家庭吧？我是不是沒有埋下這顆種子呢？我到底要為這種事情焦慮到什麼時候啊？

認為有了家庭等於侵犯個人自由，我這種想法是不是有點不太正常啊？明明我心裡知道，人不可能獨自活著。

感謝老天爺眷顧，音樂祭十分成功。RHYMESTER仍不斷進化。來看演唱會的人，也經歷成家育兒而有顯著的成長。至於我，腦袋裡的思緒仍像狂風大作般翻騰。

不畏改變也是嘻哈文化的特性，但是磨磨蹭蹭不敢改變的我，或許是最遜的吧。我發現自己始終侷限於陳舊的價值觀，不但沒有創造出新的價值觀，還與不存在的敵人拚搏。

算啦，反正我這樣也很開心啦。總之呢，雖然平時碎念抱怨，我還滿喜歡這樣的人生吶。

「放空就是一種奢侈」，但是我心慌

問到假日存在的目的究竟是什麼？當然是為了休息啊。不過，休息的標準是什麼？這又因人而異了。

必須休息的往往不只一處，精神與肉體都需要休息，但是很難同時滿足兩種條件。當身心同樣疲憊不堪，又在睡眠不足的情況下去看全場站席的演唱會，壓力是釋放了，身體疲勞卻消除不了。若是以恢復體力為優先，乖乖待在家裡休息的話，身體雖然得以休養，心情卻很難調適。

休息也需要專注。有人說，如果有一按開關就能立刻切換心情的嗜好，例如登山或編織，就會暫時忘掉平時討厭的事物。我明白這個道理，可是，我找不到這種開關。

有時候跟別人約見面就能放鬆心情，有時候一個人獨處反而更委靡。更何況，同時滿足精神與肉體的休息方式，會受當天的狀況所影響。所以要仔細觀察疲憊的程度，再來挑選休息的方式。

前面囉囉嗦嗦寫了一堆，重點就是休息也有休息的麻煩。難道你們不會想破頭也想不出放假要做什麼，結果讓腦

袋更累嗎？我就常常這樣。

我確實對自己想不出怎麼打發假期感到不爽，但不管什麼時候，一般社會大眾都會幫大家想好不錯的理由，我也就放心了。像這種情況，我會採用「放空就是一種奢侈」這句話。

如果是星期六、日兩天連假，其中一天就照那句話所說的完全放空。從小學時代起，就有人說我缺乏續航力，但我非常肯定自己能堅持在假日放空。

在放空的假日裡，我會一整天都穿著睡衣，隨便吃吃。有什麼就吃什麼，吃完繼續滾回床上。有時候到了傍晚五點左右，一股後悔不禁湧上心頭，但是習慣就好。

照理說，我應該習慣了如此懶散的假日，可是這一年來，每到中午時分，我就開始發慌。感覺心裡愈來愈焦躁，不做點什麼就很浪費生命似的。我以前從來不會這樣。續航力出現危機了，我一定要找出原因才行啊。

第一個原因，或許是平時生活作息規律，讓我沒辦法睡到自然醒。即使是假日，我還是早上八點就醒來，慢條斯理地起床喝個水，坐在沙發上看著窗外。太早起床也許不光是生活習慣改變，跟年紀大了也有關係吧。雖然起床了，但因為前一晚熬夜，整個人依然昏昏欲睡。

九點過後，住家周遭慢慢熱鬧了起來。我差不多在一年半之前搬到這棟位

於遊樂園前方的大樓。開園時間是九點半，因此九點左右人群便三三兩兩地開始聚集。

我依舊穿著睡衣，半睜著眼從窗戶遠眺排隊的許多家庭。多麼偉大的一群人吶，假日上午九點就來到這裡，他們應該是七點就離開被窩打理行裝、帶著早餐踏出家門吧。換句話說，他們前一天晚上十二點以前就上床睡覺了。愈來愈肅然起敬吶。

我大可洗個戰鬥澡，出門散散步，可是我總是這樣放空到下午。我被浪費生命的妖怪附身了。說是這樣說，實際上也沒什麼想做的事，只好敷衍一下再洗一次衣服。因為洗了，就得晾衣服。

這時候，我突然發現一件事——我連放假也講求生產率。

好不容易擺脫講求合理性及生產率的日常生活，放假就應該好好休息才是。做好做滿並不是美德，不可以要求假期過得超級充實，放空才是最棒的。假日如果一大早就醒來，不如開心一點，因為放空的時間變長了。

我很喜歡遠眺窗外，所以目前不考慮搬家。我沒辦法讓熙熙攘攘度過假期的那群人從眼前消失，只好拉上單薄的窗簾了。

我也是模特兒體型啊

想當模特兒，就得比一般人更纖瘦才行。

落伍，太落伍了。這種想法頂多存在於二十一世紀初的前十年。時代趨勢早就不復以往。

若覺得我在騙人的話，希望各位去搜尋「艾希莉．葛萊姆」（Ashley Graham）的照片。搜尋時請別忘了輸入她的英語拼音，找到的照片會更豐富。想必你會震懾於她的美麗肉體，並且深受吸引，同時被她充滿自信的笑容所傾倒吧。

艾希莉．葛萊姆是美國眾所周知的超模。她不同於一般模特兒，體型相當豐腴。不但有肚腩，腿部和手臂也肉呼呼的，臀部更是超級豐滿，大腿也有橘皮組織。有些照片雖然也經過Photoshop修圖，但是艾希莉在Instagram上傳的照片都未經修飾。

以日本的尺碼來說，艾希莉是十九號。一般服裝賣場不會擺這種俗稱「胖子」的尺碼。只有日本才會這樣以「胖子」概括一切。在大尺碼模特兒備受青睞的美國，她的人氣扶搖直上。近幾年

來，她頻頻受邀參加脫口秀及擔任頒獎典禮的採訪記者，也以電視演員的身分登上舞台。

身為大尺碼家族的一員，我也非常迷艾希莉。像是蒐集她的照片、觀看她的影片、購買由她擔任模特兒的泳衣品牌。每次看到美麗的艾希莉，我都會感到無比驕傲。

話說回來，就在前幾天，我在試衣間裡試穿泳衣，看著自己在鏡子裡的身影，簡直就像艾希莉．葛萊姆。

一般人對這種情況只會說一句：「你胖了。」我卻突然感到無比興奮。以往強烈地嚮往，如今終於實現。這一幕平常會讓人情緒低落的情景，我卻激動不已。因為這是有生以來第一次，我能把自己的身形輪廓與模特兒完美貼合。

我依然穿著泳衣，露出肥嘟嘟的臀部與腹部，對著大鏡子擺出艾希莉那樣的性感姿勢。嗯，還不賴。每個姿勢都很美，我甚至開始替未來打算了。

回過神來，我明白即使脖子以下都一樣，我也不是艾希莉．葛萊姆。然而，看著自己映在鏡子裡的肉體，發覺「跟模特兒一樣嘛。還不賴！」而看得出神的那一刻，我心裡非常開心，感覺熱血沸騰。換作是以前，我會在當下別開眼

神，假裝沒看到。

超人氣大尺碼模特兒不光只有艾希莉而已。伊斯克拉・勞倫斯（Iskra Lawrence）早已是骨灰級的名人，梅拉・達爾貝西奧（Myla Dalbesio，她的尺碼才十三號而已！）也曾經擔任卡文克萊（Calvin Klein）的模特兒。

塔拉・林恩（Tara Lynn）、斯特凡尼婭・費拉里奧（Stefania Ferrario，但她不喜歡別人因為她「體型比一般模特兒豐腴」，就稱她為大尺碼模特兒）、喬丁・伍茲（Jordyn Woods）。她們每一位模特兒都以表情及姿勢，率直地向人們表達：要好好愛惜及尊重自己的肉體。她們一點也不會讓人家覺得：「她是不是很胖？」

她們既大膽又性感、可愛且個性十足，同時充滿自信。有時還會嗆辣地嘲諷，或者義正辭嚴地回敬出言不遜的白目傢伙。

如果有人試圖說：「她們很漂亮，但是瘦一點比較好。」就會被周遭的人白眼。我們真是處在一個好時代啊。

不久之前，那些超出「一般世俗」框架的種種，如今陸續獲得正面的評價。從前認為「不尋常」的事物一旦看多了，終究為人所接受，並且心生嚮往。我最愛的正是有幸見證價值觀顛覆的那一刻。

就個人觀點來說，豐腴的體型容易讓人聯想到吃的行為，所以我覺得很性感。因為吃東西這項行為，很像性愛。

話說回來，我不是肌肉發達的人，
但是我也會關注「肌肉發達」的女模。
因為她們很有魅力。不論是纖瘦、豐腴
或「肌肉發達」，有魅力的就是有魅力。

我家的「愛的禮物*」

那一天，工作比我預期的更早結束，於是去百貨公司地下街買了晚餐回家。

負責做家事的男友先生，感冒一直還沒好。我原本替他著想，覺得他應該沒力氣做飯吧。他常叮嚀我，回家之前一定要先打電話，但是我的智慧型手機剛好沒電，沒辦法事先聯絡。

我大包小包提著男友先生愛吃的食物，回到家時已超過六點。「我回來了。」喚了一聲，卻沒有回應。

進到客廳，男友先生待在昏暗的客廳裡背對著我，說：「為什麼回家之前不先打一通電話？」連瞧都不願意瞧我一眼。男友先生毫不客氣扔出來的一句話，衝擊牆壁後再狠狠地反彈撞向我的心窩。呃啊——。

我是很容易瞬間爆炸的人，會在當下打從心底厭惡這一切。於是我怒火

＊愛的禮物，來自木馬文化已出版中譯書籍《愛的禮物：歐亨利短篇小說傑作選》，裡頭最有名的故事是一對夫妻十分貧窮，但仍為對方挑選聖誕禮物。

中燒，大吼一句：「我手機沒電啦！」把自己掏腰包買的熟食一股腦兒扔在地上。我買的都是你愛吃的！你卻一點都不領情！

那一天做的全是壓力相當大的業務，我早就累到不行。由於要做的事情一大堆，如果不是男友先生感冒，我大可回到辦公室再處理一些工作。就是因為擔心他的身體，我才特地買好晚餐提早回家，沒想到竟然這樣對我。啊啊，煩死了。

我把東西扔在地板上，扭頭就回自己的房間。這時候，我聞到廚房飄來一絲香味。看來他還是老樣子，抱病也要自己準備晚餐。原來如此，他就是因為這樣不高興嗎？但為時已晚，刀既出鞘，再難收回。

負責做家事的男友先生，要求我事先聯繫回家時間是有原因的。站在掌廚者的立場，他們自然非常希望能在最好的時機用餐。若是不知道對方幾時回家，也沒辦法做好萬全準備吧。

我可以等飯菜做好再吃，也不在乎吃冷掉一些的飯菜。可是，這似乎傷害了掌廚者的自尊。

我負氣躺在自己房間的床上，心想著那位先生幹嘛不先打電話說一聲「今天有煮晚餐」呢……算了，他應該想給我一個驚喜吧？雖然手機沒電了，但是特地去百貨公司地下街買東西回來的

我，也是懷著同樣的心思啊。我們都想給對方一個驚喜！結果弄巧成拙。

多數人眼中的男女職責，在我家都是相反的，這也讓我有不少省思。其中一個是「就算是男人也會這樣」、「就算是女人也會那樣」，彷彿一般所認為男女與生俱來的特質，幾乎都是由職責來決定而不是性別。

就算是男人，一旦負責做家事，「今天晚上要吃晚餐嗎？還是不吃？」要是對方沒有做好基本的報連相*，一樣會感到焦躁。就算是女人，一旦埋首於工作，同樣會忘了聯絡，或者輕忽聯絡的重要性。

男人不會這樣說、女人不會這樣做，這純粹是騙人的。只不過是我們的社會將性別與職責牢牢綁在一起，才會形成這種成見。實際上是由於職責與權力（一般往往認為權力與經濟能力成正比，未免太粗暴了！）之間的差異，才會在發言與行為上產生某種傾向。根本無關男女之別。

話說回來，我們簡直就像歐・亨利（O. Henry）《愛的禮物》（*The Gift of the Magi*）的沒品版本。那對夫妻若是真的存在，我並不認為他們會那麼

＊報連相，指日本職場的工作守則，凡事報告、有事連絡、遇事相談。

通情達理。

妻子收到丈夫的禮物，應該會抱怨吧。「啊啊——你竟然把懷錶拿去當了。怎麼不事先跟我商量啊？」

丈夫也會挖苦地說：「你倒好，頭髮很快就會長出來了。」火大的妻子於是回嗆：「我無所謂啊，你幹嘛不把這梳子拿去當了換懷錶回來？」眼前是不是會浮現這幅情景呢？

雙方愈是了解彼此的脾性，愈容易忘了互相體貼。這也與兩性差別無關。

觀光白痴的困擾

我是故意錯過暑假的。連續兩年都放暑假了，今年就算了吧。心裡雖然有著詭計得逞的快感，但是到了隱隱約約瞧得見歲末年終背影的季節，仍是不免心虛地想：明年夏天之前應該去某個地方度假比較好吧？

總覺得自己似乎不太喜歡放長假。正確來說，就是嫌放長假之前還得先調整前後日子的行程太麻煩了。我也不太擅長規劃為期一星期左右的旅行。要做這等麻煩事，我還寧願不休假比較輕鬆。

說來汗顏，像歷史和地理這類屬於文化範疇的事物，我始終提不起興趣。對於名勝古跡也興致缺缺，更不會想去看看陌生國度的不知名建築物。所以我幾乎沒有專程為了觀光出去旅行。

我真是沒出息的大人吶。太對不起當年為了我的將來著想、硬是帶著念高中的我去歐洲快閃趴趴走一星期的已故母親。義大利、法國、希臘、瑞士，應該還去了另一個國家，但我怎麼也想不起來。

我記得有去參觀法國的凡爾賽宮，可是一點也不記得裡頭是什麼樣子。我

倒是記得塞納河下行航段的船上，最前排有個惹人厭的太太。

那時候在路邊買的義式冰淇淋很好吃，但我忘了是在義大利的羅馬還是佛羅倫斯，或者兩個地方都有買。

希臘的海，染上了日本從未見過的深藍色。最令人驚訝的是，我們一登上遊覽船，就有看似攝影師的男女擅自過來拍照，當我們要下船時，就在甲板上兜售起剛剛拍的照片。我還記得當時隨意走進一間文具店，發現了可愛的筆記本，珍藏到前幾年都還捨不得用。

快閃之旅中，印象最深刻的是在瑞士的飯店裡吃到閃電泡芙（Eclair）。直到現在，我都沒吃過比它更美味的閃電泡芙。

我確實有去參觀各個國家的名勝古跡，但是腦袋裡沒有半點記憶。以上，就是我的歐洲回憶。

我最喜歡的旅行，是在非日常的環境裡，過著不變的日常生活。像是在短居型度假飯店睡到自然醒；想看電視就看、不想看就關機。高興的話，同樣的地方照樣去好幾次。

我也喜歡造訪朋友居住的國家。去逛逛當地的超市，或在購物中心買東西。不需要旅遊指南的旅行，才能讓我釋放壓力。

然而，預定旅伴男友先生不喜歡這種旅行方式——不如說是討厭。

事實上，我們去峇里島的隔年就去了泰國的蘇美島（Ko Samui），男友先生卻發火，說：「這種資本主義的空間，我一秒鐘都不想待！」於是一個人衝出費盡千辛萬苦訂到的高級度假別墅，去住市區裡的飯店。如此任性的人，實在罕見。算了，至少我在蘇美島玩得還滿愉快的，下次有機會再說這件事。

我也曾邀男友先生：「跟我去朋友住的國家嘛。」但是他不識相地回應：「那我們在當地各走各的吧。」男友先生即使在日本，也幾乎不會與我朋友見面。朋友們也都認為他是森林裡的妖怪，打消了想見他的念頭。

從各方面來說，男友先生是與我完全相反的人。他是嗜讀者，談到旅行，他是會對陌生土地的歷史與風俗習慣充滿興趣的那一種人。讓我驚訝的是，他就算在東京都內散步，也會停下來仔細閱讀歷史遺跡的說明板。就在上個月，他自己一個人跑去逆行絲路。說是逆行，我也搞不清楚是從哪裡走到哪裡。

男友先生之前才邀我：「我現在最想去的就是蒙古，你也一起去吧？」我的腦海不禁浮現自己在蒙古包裡不知如何是好、於是偷偷摸摸訂了市區飯店的景況。要比任性，我也是不會輸啦。

法國與日本，哪一個更好待下去？

日本女人很愛法國。即使是至今沉迷於美國商業文化的我，青少年時期也深受少女時尚雜誌《Olive》的洗禮，對法國的高中女生嚮往不已。

基本上，日本的女人也許都會在人生某個階段愛上法國吧。否則的話，無從解釋這種現象。例如書店經常擺著「法國人就是○○」這類書籍的怪現象。

各位不妨看看書店的女性隨筆專區。有關法國衣食住的書籍，明顯比其他國家更多。因為法國這項題材的支持度相當穩定。大家知道《向巴黎夫人學品味：Madame Chic的20堂優雅生活課》（二〇一四年出版）這本書有好幾本續作嗎？

如果各位有空的話，可以上亞馬遜（Amazon）輸入關鍵字「法國人隨筆」搜尋看看，相信會發現出了不少以女性為訴求對象的隨筆，而且書名大多是斬釘截鐵地下標：「法國人就是這樣！」

我們可以從書名推測，法國女人似乎是注重個性、不受限於年齡與時下潮流、不理會拜金主義、做自己喜歡的事、隨時都在戀愛、遵循自己獨有的價值觀，

並且活得自由自在。這是多麼理想的生活方式啊！

這類書籍之所以相繼出版，主要是每一本都賣得還不錯。說來悲哀，這是因為日本女人生活在相反的社會吧。比起個人，更注重團體、受限於流行或落伍以及青春，永遠擔心錢不夠花、做著不怎麼喜歡的事情、不談戀愛且活得拘謹。寫出來都想哭了，但實際上應該八九不離十吧。

前幾天，我與住在法國的高中同學睽違十五年再相聚。她在巴黎住了將近十年，目前以本地聘用的方式在法國企業工作。她這次來東京長期出差，我們決定去吃烤雞串。

久未見面的中年婦女，一開口就是用固定台詞「你都沒變耶～」寬慰彼此，接著一邊大啖雞脖子與雞蔥串，一邊分享我們十五年來的近況。

我開門見山詢問兩國之間的差別，畢竟那是日本女人無比嚮往的國度。還有一點，法國現任總統「年僅」四十歲，妻子則是年長他二十五歲的昔日老師。這要是在日本，肯定會引來眾人好奇的目光，傳聞不絕於耳吧。歸根究柢，不管多麼優秀，日本也很難選一個「十分與眾不同」的人當首相吧。

據她表示，身邊的法國人和日本人一樣，愛在背地裡說人壞話及八卦。不過，他們不會像村落社會那樣基於「大

家都應該一樣」的論點而抨擊他人，他們的態度始終是「那不關我的事」。

她就隨便舉個例子，但她的意思是法國人不會集體譴責別人嗎？法國人不論何時都能尊重「人各有異」，這一點跟某個老愛欺負人的國家大不相同。

不過，按照她的說法，重視個人的文化正是一把雙刃劍。舉例來說，遇到公共基礎建設或服務業方面的問題時，窗口負責人似乎只會冷漠地回應：「那不關我的事。」就這一點來說，他們認為那是阻礙日常生活順利運行的麻煩事。

如果是日本，就算電車只誤點了五分鐘，公司也會認為問題出在每一位職員身上，而要求站務人員低頭道歉吧。

如此過度反應固然有問題，要是站務人員一副事不關己的態度：「這樣啊？但我一個站務人員也無能為力啊。」我應該也會火大。

站務人員的態度並無法解決誤點的問題，但是我竟然會這麼想，或許我心裡也傾向認為「不跟所有人一樣是不公平的，做人不可以太自私。」說不定還會對不負責任的人說：「你也有責任吧？」一想到這個，不禁覺得自己有點可怕。

化妝與通勤電車

星期一至星期五，我每天在赤坂都有電台直播的工作。雖然從學校畢業以來過了十二年上班族生涯，但是每天早上在固定時間搭電車還是頭一遭。

我搭千代田線到距離赤坂最近的車站，途中會經過日比谷與霞關那樣的行政機關所在地，以及大手町與二重橋前之類的商業區。

我搭車的時段不會遇見公務員，絕大多數乘客看起來像是一般公司職員。光是跟通勤至大手町的上班族一起搭車，彷彿自己也像個正經人似的，感覺真不錯。

大部分女乘客都化了全套的妝。一般人或許認為女人本來就會這麼做，但是我臉上的妝一年比一年精簡，平時也頂多畫畫眉毛而已。大多數日子連眉毛都懶得畫。我深深感謝自己的職場環境，沒有人會因此責備我。

我不討厭化妝，可是對我來說，那是一種變裝的行為。每天都得像萬聖節一樣變裝，也會大感吃不消吧。化妝嘛，就是要在晚上出去玩之前，聽著音樂慢條斯理地動手才開心。

當然也有女人享受每天早上化妝的樂趣。不過，我覺得那是平常沒有「素顏」的選項。因為平常非得要化妝才行，公司愈是保守死板，愈有人會質疑：「你身為社會人的自覺，還有身為女人的素養跑哪去了？」化妝要是化得濃一些，又有人會皺眉頭。挑毛病的還不只男人。化妝在「給人簡潔俐落的印象清單」中居高位，正是女人的苦難。

比起男人只須洗臉刮鬍子，女人必須在忙碌的早晨時段裡完成的步驟特別多。在此特別確認一下女人在無意識間進行的作業流程。整套步驟如下：

首先，洗完臉後，要在肌膚上塗抹化妝水與乳液；接著，擦上兼具防曬功效的粉底液；然後，塗粉底、畫眉毛、上眼影（不是單色）；有的人還會上一層較濃的粉底，也就是用所謂的遮瑕膏蓋掉斑點；再來畫眼線、用睫毛夾將睫毛夾得捲翹之後，再刷睫毛膏；拍上腮紅、塗層口紅便準備就緒。如果是習慣洗晨澡的人，還得加上把頭髮吹乾再做造型的流程。呵。光寫出來就累了。

所有化妝品都是消耗品，短則一個月、長則好幾年才用完。粉底和睫毛膏的進化日新月異，眼影的潮流更迭甚至三個月換一次。

這些成本當然不容小覷。因為不加減添一些流行元素，自己的臉蛋就會一下子跟不上時代。各位不妨回想一下，

那些在服飾妝髮上參考泡沫時期女性而大受歡迎的女藝人。雖然造型有些誇張變形，但是在八〇年代是很正常的。如果想稍微跟得上流行，買齊基本款化妝品與彩妝用品的話，便宜的一個月也要數千日圓，高檔的甚至不知道上限在哪裡。算一下一輩子所需的化妝品費用，實在令人毛骨悚然。

早晨的尖峰時刻，電車每隔五分鐘駛進月台。考慮到八點至九點是通勤的尖峰時段，而數千名、數萬名女性在搭車之前就得歷經一連串流程。

若是習慣成自然，十五分鐘左右就能解決化妝這件事。話雖如此，任何事情都是積少成多，如果以平常日有五天、每天十五分鐘來計算，五十二個星期就是六十五個小時左右。以睡眠時間來看，便是十天左右的分量。

這一個月來，我抱著凡事總要一試的態度，跟大家一樣每天早上化好妝才去搭通勤電車。透過期間限定的 #Jane Su 化妝挑戰，徹徹底底當一個正經人。我要挑戰早上一起床就去洗澡，吹乾頭髮後再完成粉底到口紅的整套流程！

結果把我累壞了。姑且不論每天早上都要化妝這件事，光是要我化妝，我就覺得麻煩透頂。

一旦化了妝，流汗也不能直接用手帕使勁擦臉；每次講電話，就會弄髒手機螢幕；必須隨身攜帶補妝用的化妝

包，諸如此類。最令人鬱悶的是，每天晚上還得卸妝——畢竟化了妝，沒辦法直接用肥皂三兩下洗完就解決了。麻煩、麻煩，除了麻煩還是麻煩。

與此同時，我也失去了只畫眉毛就去搭電車的自信。再也不好意思素著一張臉了。

打個比方，化妝就像男人的假髮。一旦開始戴，就會找不到在公共場合脱下假髮的適當時機。我本來以為自己還滿喜歡光頭的男人啊，如今總算能體會他們的心情了。

「不好意思」與嬰兒車

我在車站大樓裡等電梯。排在前面的，是一對老夫妻與兩對推著嬰兒車的母子。當電梯來了，我讓老夫妻和兩位推著嬰兒車的媽媽先進去，自己隨後再進。電梯門關上後，兩位媽媽一臉抱歉地回頭對我說：「不好意思。」

嗯？她們有給我帶來什麼困擾嗎？我的腳既沒有被壓到，也沒有因為嬰兒車擋路而進不了電梯啊。感到一頭霧水之餘，電梯停在三樓，當車廂門開啟，她們踏出電梯時又說了聲「不好意思」。

我明白她們是因為狹小電梯裡擠了兩台嬰兒車，所以說了相當於英語「Excuse me」的「不好意思」，對於造成的麻煩或一些不便感到抱歉。我要是拖了一個大行李箱跟人家擠電梯，應該也會說同樣的話吧。

不過，當對方懷著萬分抱歉的心情對我說「不好意思」，我心裡會一下子蒙上一層霧。不禁想著：「這有什麼好道歉的啊？」

這種不需要感到抱歉卻滿懷歉意地說「不好意思」的情景，令我似曾相識。我在和有孩子的閨蜜聊天時，就聽她們

說過好幾次。不管有沒有跟孩子在一起，自從她們當了媽媽，便經常開口道歉。

擦身而過時、發生誤會時、忘了東西時。一點芝麻蒜皮的事情，她們也感到萬分抱歉似地道歉。然後另一個媽媽也跳出來道歉：「不是不是，都是我不好。」她們簡直就像在咖啡廳的結帳櫃檯前搶帳單似的，爭著攬下帳單上列出來的「錯誤」費用。

也許只有我身邊的人才有這種情況，但我發現不管是不是已婚，沒有小孩的女人倒是不會為了一點小事就拚命道歉。會使用道歉溝通法的，一定是為人母親。似乎有種不好的預感。

儘管知道失禮，我還是問了當媽媽的閨蜜。她表示，自從有了孩子，愈來愈常為了自己以外的事情跟人家道歉。

如果帶著孩子出門，我也覺得道歉次數增加是合理的。然而，像這種只須顧好自己就好的時代，就我印象中，她以前不會如此歉疚地跟人家道歉說「不好意思」。與其說道歉次數增加，不如說是道歉的性質改變了。

我再進一步詢問，不好的預感果然成真。「有的人就是很愛管啊。」她說了這句開場白，繼續說：「不管孩子是哭或笑，有的人就是很討厭跟小孩待在同一個地方啊。但是看到孩子的爸爸跟在一起時，那些人就不會表現出那麼明

顯的不高興。」

聽了感覺心情真鬱悶。也難怪媽媽只能低頭道歉了。如果堅決不低頭，有時候倒楣的是孩子吧。這不就像是討厭孩子而把孩子當成人質一樣嗎？

我可以體諒憤怒一方的心情，但是再怎麼說，也不應該怪罪小孩造成不愉快或不方便吧？我認為小孩可以由父母自由管教。那些人想必忘了自己也曾經是小孩，自然也不會去想像自己將來老了需要別人幫助，或者也有可能坐輪椅。

當了媽媽的閨蜜，她們愛道歉的習慣會不會隨著孩子離家自立而消失呢？光是養孩子就很辛苦了，社會大眾給媽媽的壓力不會太大嗎？

「傳遞訊息」之前

像廣播電台這種沒有畫面的媒體，不知道為什麼，說了謊就很容易被揭穿。或許是因為講事實時的聲調與談話內容本來就勝過任何雄辯吧。

以搖筆桿為業，同時擔任廣播電台主持人已經八年，我總算了解「聊天」、「朗讀」與「傳遞訊息」的差別。

「聊天」要達到效果，須建立在自己與聽者是相識的關係上，雖然多少也要顧慮一下對方的感受，但是想到什麼就說什麼也不會有問題，事後再輕輕鬆鬆添加說明或修正就好。閒聊的時候，經由聲音傳達出來的個性與情感，比任何詞語更具說服力，例如嘴上說「真傷腦筋」，其實心裡是開心的；一邊說「好擔心喔」，實際上掩不住看熱鬧的好奇心；內心所想的另一回事，全都在聊天過程中表露無遺。換句話說，如果不希望對方打探自己的心意，就不要在交談時「閒聊」。

「朗讀」則是先有讀稿才能成立的行為，朗讀者必須講求音讀的技巧。個人色彩太濃厚，或者技巧不夠扎實，只會讓人聽到朗讀者在抑揚頓挫與發音上

的習慣，聽不進朗讀的內容。

「傳遞訊息」是最困難的，「聊天」與「朗讀」屬於行為，「傳遞訊息」則是目的。「聊天」能與聽者共享時間，「傳遞訊息」則需要借用對方的時間。傳遞訊息的最大前提是，讓對方聽得清楚，再配合音讀的本領，同時也要有能力推測聽者所處的環境與感受。

如果沒有意識到其中的差異，便在廣播節目裡閒聊，就會在言談間不小心洩漏平時猶如煤焦油般堆積在心底的真心話。「這個人還真是自我陶醉啊。」「他看起來很強悍，其實很沒自信吧。」——結果不希望人家知道的一面，反而藉由話語透露出來。

想要傳遞主觀的想法，就得跳脫主觀，俯瞰自己，並且把自己一層一層剝下來，或許有點像書寫的過程吧。

前幾天，工作夥伴邀我去看立川志之輔（立川志の輔）先生的獨演會。令人汗顏的是，我對落語*完全一無所知。開始之前，我甚至擔心自己能不能撐過如此漫長的演出。

當天最後一個表演節目是古典落語的「井戶茶碗*」，內容非常有趣。寫出來很丟臉，與切身話題有關的開場白，

＊落語，為日本一項傳統藝術表演，類似單口相聲。
＊井戶茶碗，為當時相當珍貴的一種高麗茶碗。

進到正式表演的過程實在太順暢，所以我根本不知道哪裡是串場。

眼前的立川志之輔先生，看起來就像坐在坐墊上「聊天」。漸漸地，隨著志之輔先生每說一句話、每做一個肢體動作，我的腦海不斷出現各種畫面，才發現自己總算融入主題裡了。

這真的很厲害。從「聊天」一躍進入「傳遞訊息」階段，明明目不轉睛聽得入迷，卻能感受到故事場景在不知不覺間變換。簡直就像幻想，故事的敘述完全跳過了「朗讀」階段。

這段落語有好幾位登場人物，全都由志之輔先生一個人來詮釋；儘管如此，他詮釋出來的角色看起來都不像是同一個人。在開場白這一部分為止，眼前閒話家常的確實是志之輔先生，卻赫然發現，他不知道去哪兒了，不對呀，在台上表演的明明就是志之輔先生啊！不禁覺得自己是不是錯亂了。

腦海不斷浮現一幕幕畫面，但我畢竟對落語一無所知，聯想到的畫面牛頭不對馬嘴，彷彿外國拍的那些缺乏史實考證的歷史劇。雖然敗在這一點，但我的注意力絲毫不減；倒不如說，我整個人完全入迷，眼前似乎還留著登場人物的殘影。我大概連幻覺都出現了吧。

當表演結束、即將離開舞台之際，眼前又出現志之輔先生的身影。雖然我明白，他從頭到尾都待在舞台上。

看看手錶，大約過了將近一小時，真是時光飛逝，我對故事內容一無所知，看完之後卻沒有不明白的地方。

感覺志之輔先生為我上了一課——「傳遞訊息」之前要先「吸引人心」。

身為以說話為業的工作者，我因為自己無意中打開了潘朵拉的盒子而顫抖不已。但願「希望」還留在箱底*。

＊潘朵拉的盒子（Pandora's box）源自希臘神話，是天神宙斯給潘朵拉的神祕盒子。宙斯要求潘朵拉不可以打開，但是潘朵拉禁不起好奇心的誘惑，還是偷偷打開了盒子，釋放出人世間的所有邪惡——貪婪、虛偽、誹謗、嫉妒、痛苦等等。原本寧靜沒有任何災害動亂的世界開始動盪不安；潘朵拉慌忙蓋住盒子，結果盒內只剩希望沒飛出去。

騷擾與權力

好萊塢電影的知名製片哈維・溫斯坦（Harvey Weinstein）爆發長年性騷擾事件，日本也接連數日大幅報導。以此事為開端，不少受害者相繼挺身指控曾遭哈維・溫斯坦及其他電影製作人、演員的性騷擾。

我對電影不是那麼了解，但也曾經看他監製的《黑色追緝令》、《莎翁情史》等作品看得很開心。事到如今才知道，有些聲音被淹沒在那些作品裡，實在令人難受。

溫斯坦事件爆發後，電影業界的朋友說：「這表示溫斯坦在好萊塢的權勢減弱了。」換句話說，他曾經一手遮天，權力大到能掩蓋一切、讓對方噤聲。

性騷擾事件公諸於世後，幾乎可以肯定會有這種質疑聲浪：「對方（甚至不以受害者稱之）也讓人有機可乘吧？」「對方也有那個意思吧？」「為什麼不能抵抗呢？」這些話語再再顯示了局外人的想像力有多侷限。

話雖如此，我也曾有一段時期，認為只要穿著不過度暴露、不要太花枝招展，就不會遇到色狼。因為當時覺得那

樣的打扮會讓人有機可乘，引起誤會。

這種想法有兩項錯誤。第一點，任何人不管打扮成什麼樣子，別人都沒有理由擅自碰觸自己的身體，受害者並沒有過錯。

第二點，衣著暴露程度和遇到色狼的機率可以說未必相關。聽說有的人即使打扮樸素也會遇到色狼。二〇一〇年日本警察廳曾經調查因電車內性騷擾行為而遭檢舉、移送的嫌疑犯，問他們：「為什麼對打扮樸素的受害者下手？」約有一半的人回答：「剛好離我很近。」

其中也有九％的嫌疑犯回答：「我覺得不太可能起訴。」我不認為那些「不太可能起訴」的女性都穿得花枝招展。

控訴好萊塢性騷擾行為的聲浪也波及知名演員凱文・史貝西（Kevin Spacey）。告發者是一名男星，他回憶自己在青少年時期，即遭到史貝西的性騷擾。其他還有許多男性紛紛指控史貝西性騷擾。

像這種情況，會質疑的人應該少之又少：「他們也是讓人有機可乘、也有那個意思吧？」因為一般人認為，有同性戀傾向的男人並不多。

我無法認同人們往往只有在受害者是異性戀——特別是女人的情況下——才會質疑是不是讓人有可乘之機或雙方你情我願。事件的結構不是都一樣嗎？

一如溫斯坦的案例所示，騷擾與力

量密不可分。調查性騷擾嫌疑犯時，之所以有人回答「覺得不太可能起訴」，也是這個緣故。「我沒有惡意。」「我以為對方也有那個意思。」這種誤解就是因為權力差距所造成的。

如果說騷擾僅僅來自於權力傾斜，實際上未必如此。主觀偏見與擅自斷定同樣是引發騷擾的根源——「男人就應該○○吧！」這種態度就是一種性別騷擾。

關於主觀偏見與擅自斷定所造成的騷擾，我認為某種程度上可以有自覺地迴避，這要歸功於成長環境與時代進步；即使弄錯了，也可以馬上意識到問題，或者也能道歉。

然而，如果我擁有不符合自身能力的權力，我沒有信心能夠不自大傲慢，我有個不好的預感——那就是自己可能會變得非常遲鈍吧。

使勁把自己推離權力，基於同樣身而為人的觀點，始終尊重對方，需要的是超越正義與倫理的人生觀；這不是保持謙和的態度與人相處，也不是跟任何人推心置腹就能做到這一點。

我有沒有這種人生觀呢？每次看見濫用權力、仗勢欺人的傢伙，我都感到害怕，因為我找不到那些人與自己的明顯差異在哪裡。即便是那些人，當他們沒有權力的時候，或許就只是一群嘴巴壞、逞威風的人吧，就像現在的我一樣。

自由星期二

男友先生和我之間多了個新規矩，叫做「自由星期二」。

我們兩人的關係是在一起五年以上但未滿十年。經過不斷摸索與一番波折，目前由男友先生負責做家事，而我負責賺錢，這是我們秉持「適才適用」這條座右銘的結果，往後轉換職責的可能性相當大。

有一天，男友先生對我說：「我一個星期需要有一整天完全不做家事，只把時間留給自己。」他希望做家事這項沒完沒了的工作，能有個終點。

家事沒有固定的時刻表，所以也沒有加班費，可是工作總量無法由自己來決定，因此，這是一項沒有盡頭的工作。

才剛洗完衣服，就發現有個地方髒了；才剛清掃完畢，又揚起了灰塵；好不容易喝杯茶休息一下，等一下還得洗杯子。如果不馬上動手處理，一整天下來只會愈積愈多。

獨居的時候，大可堆到自己想動手的時候再來清理；但是跟別人一起住的話，便無法隨心所欲。在長年負責做家事的人面前講這些，可是貽笑大方了

吧！感謝男友先生每天的辛勞。

如今社會上正在推動工作型態改革等方案。從政府的宣傳資料來看，想達成目標似乎有「縮短勞動時間與改善勞動條件」、「確保任何雇用型態均能給予公平待遇」、「多元就業型態的普及」、「兼顧工作與生活（育兒、照護、治療）」等項目。

既然如此，除了在外面工作的人之外，負責家事的人也應該列為改善的對象；但我不希望政府干涉個人家庭，所以最聰明的做法就是由各個家庭自訂規則吧。

我家的新規矩是每星期二午夜零時起，二十四小時內，雙方都不能干涉彼此，愛怎麼過就怎麼過。

我們相處至今，並沒有設下特別的規矩約束彼此，但是同住一個屋簷下，要顧及另一個人的感受，多多少少會產生一些歧見或是不如意、小摩擦。因此，能擺脫這些瑣事，雖不至於大聲歡呼，但對我來說再好不過。

我們立刻付諸實行，效果確實不錯。男友先生的興趣是爬山，他在自由日前晚的星期一深夜就出門，星期二便在山裡享受露營的樂趣。似乎前一晚去那邊過夜，隔天才能趁著大清早爬山，他應該也不想成天待在家裡面對一堆瑣事吧。

從山裡回來累歪了，當天晚上可以

什麼都不做，因為自由日是二十四小時制。以前我不在家的時候，男友先生為了打發時間，多少會東做一點、西做一點家事，但他現在不必等我回來，直接倒頭大睡。

實施新規則，我沒有半點損失，倒不如說，如釋重負之感難以言喻。在此之前，男友先生每天都會問我預定幾點回家，我每次都為了沒有在他詢問之前主動告知而感到過意不去。如果他已經準備了晚餐，我有時也不得不放下工作趕回家。

不過，星期二就不一樣了，可盡情做自己喜歡的事。下班後，明明酒量很差，我照樣去光顧朋友開的酒吧，因為知道家裡沒人，不必急著趕回家。不管我做什麼，都不可能惹毛男友先生；一開始就定下這種規矩，真是令人痛快啊。

像我這樣的女人，一肩挑起世俗眼中大多是由男人負責的職責，所以我非常能體會大叔們下班後不想直接回家的心情，以及丈夫不敢老實跟妻子說「菜餚不太合口味」的感受。還有出於好意幫忙把用完的餐具放在流理台、卻因為擺放方式不對而被嫌棄的失落感。

愈是感謝對方為自己做的一切，沒來由的罪惡感也愈發滋長。與此同時，我也不能因為自己在努力工作賺錢就得寸進尺要求對方，只好把說不出口的話憋在心裡，如此一來，彼此「出於好意」

的想法就會逐漸擴散引發問題。

如果彼此無拘無束，便能完全擺脱一切顧忌。儘管對雙方來説，彼此是平穩日常生活中不可或缺的存在，但是我也學到了——設定讓生活暫停的時段，與維持平穩日常生活同樣重要。

嫌棄既有的一切

工作結束後回到家，瞥眼看到沒關燈的脫衣間，不禁嘆了一口氣。地板上堆了一大堆髒衣服，看樣子今天洗衣機沒開工啊。

正確來說，是「今天也」沒開工。昨天就是這個樣子，裡頭有臭汗淋漓的運動服，實在很希望早點洗一洗。

既然這樣，乾脆自己動手嘛。可是我這幾天都很晚回家，這個時候洗衣服未免太沒常識了。平時早上八點起床，吃完早餐、洗個晨澡，九點半離開家門，我根本沒那個精力早一點起床洗衣服。

沒辦法，只好等週末再用除臭的含氧漂白劑，自己動手洗吧。

我們家的家事幾乎都由男友先生一手包辦，我負責出外賺錢。他的廚藝比我高了好幾級，也從來不會放任屋子滿是灰塵，整體來說，都還令人滿意；唯獨他的洗衣方式，我怎麼也不滿意。

我對洗衣服有諸多怨言。第一點，我討厭他洗衣服不夠勤快；第二點，我不喜歡他沒先用手洗掉衣服上的污垢，就直接扔進洗衣機裡；最重要的一點，我很不爽他不按照洗滌標示洗衣服。對

了，我也要抱怨他的晾衣方式，為什麼就不能在晾衣服時順手拍一拍呢？

像棉、麻類的襯衫，我通常會在洗完後縮短脫水時間，以免整燙的時候太麻煩。但是他連最基本的「基」字都不懂。雖然他慢慢學會把高級衣物裝在洗衣網裡、用專用的洗衣劑清洗，但很多時候還是自己動手比較快。再說，也不希望人家認為我囉哩囉嗦，不如等週末一次洗乾淨。

為什麼唯獨洗衣服會出問題呢？

說到這個，電影《高年級實習生》裡有一幕是主角安・海瑟薇（Anne Hathaway）委婉地拜託擔任家庭主夫的老公「洗衣服之前先看一下洗滌標示」，但說者與聽者都一副過意不去的樣子，看了真有點心疼。不是只有男友先生跟我才會遇到這種問題，也許這是全世界共同的煩惱吧。

我左思右想，得出了一個假設——問題不在於男友先生能力不足或欠缺學習能力，應該是男女的衣著大不相同吧。

男友先生喜歡輕便打扮，基本上夏天就是T恤配卡其褲；冬天就在T恤外面加一件棉質休閒襯衫，冷的話再穿一件刷毛上衣。除此之外，他也只有運動服、連帽衣和可以在家自己洗的羽絨外套、牛仔褲等休閒服飾，連一件毛衣都沒有。

這類衣物全都能用洗淨力強的洗衣

劑嘩啦嘩啦地洗，隨便晾晾也無所謂。事實上，看了他之前一個人住時所穿的服裝，從來不覺得洗衣服對他有多困難，所以我也沒想過會出現這種情況。

另一方面，跟大多數女人相比，我的衣服算是比較偏休閒風格，即使如此，一件衣服也是由好幾種材質所組成。看一下現在所穿的休閒款毛衣的標示，棉九十%、羊絨十%；建議使用中性洗衣劑手洗（溫水），脫水強度為弱速。除此之外，晾衣方式與熨燙方式也另有規定。

女人的服飾五花八門，讓時髦男人羨慕的部分相當多，我也十分享受如此美好的環境；但是，太豐裕也有不好的一面，最大的困擾「嫌棄既有的一切」，而不是奢望自己沒有的事物。

不論便宜貨還是高檔貨，自己在家裡洗完洋裝或毛衣後，若是用一般的細衣架晾起來，兩側肩膀處的布料通常會撐出兩個角，這對我來說習以為常。不過，如果不是要上班，這點是只有穿的人才會在意。

說來諷刺，晾完衣服的後續工作，絕對是男友先生做得最好，他會把衣服折得整整齊齊，也收納得妥妥當當；我的話嘛，就像摘水果一樣把衣服從曬衣夾上摘下來，直接往身上套。我習慣如此，男友先生每次看了直皺眉頭。

算啦，我們兩個彼此彼此，半斤八兩啊。

自卑與欲望之間的平衡

有一天，我突然覺得自己以前寫的文章，幼稚無趣到極點。

之前隱隱約約有這種感覺，但認為自己想太多，「說不定有人覺得有趣呢」，於是隨便找個理由裝作沒看見，但最後還是無法自欺欺人。

過去寫的每一篇文章，都只是按照當天的時間順序書寫，簡直就像小學生的流水帳日記，讀起來也像新進職員的工作日誌。

最讓我頭痛的是，我寫的這些帶點人生教訓意味的短文，結構說嚴謹不嚴謹，不少地方都收得不太好，明明自己很討厭這種文章啊。

文章幼稚也就算了，如果文字風格獨特、分析精準、用詞簡潔不模稜兩可的話倒還好；但是我連這些特點都沒有，讀完也不覺得暢快淋漓，空虛得很。只覺得浪費時間讀這本書，啊啊——心情爛透了。

本來就沒有人會點出我的問題所在，出版業界對作者十分寬容，竟然用「貴原稿」尊稱無趣的文章，最厲害的是還能附上感動得無以復加的感想。他

們是不是有受過這種訓練呢？要說到尋找優點的本事，比《小安娜》*更強的就只有編輯吧，在此由衷感謝。

我明白，怪罪別人也無濟於事。好吧，我得趁著還沒慘遭被害妄想症吞噬，把自己當成局外人看待。這時候最需要的，除了俯瞰還是俯瞰，試著用老鷹般的利眼，檢視自己的情況。

以俯瞰全局的角度來看，我發現一件事——心裡這股焦躁的源頭，來自欲望。之所以感到焦躁，即表示我這個藉著寫文章領取報酬的人，內心出現了相對應的欲望，那就是我很希望原稿的內容與自己的價值可以劃上等號。

我想寫出文字魅力獨樹一格、能牢牢抓住人心的文章。我希望讀者看了直呼：「好有趣！」這是我仔細觀察內心湧生的欲望後，得出來的結論。多麼龐大的欲望啊，寫出來就覺得丟臉，但這是不爭的事實，我也沒辦法。

姑且不論自己的能力是否符合期望，但我很開心擁有這股自然流露的欲望。說了這麼多，驅使我的無非是責任

＊小安娜，日本動畫公司製作的動畫作品《愛少女ポリアンナ》。改編自美國作家愛蓮娜・霍奇曼・波特（Eleanor Hodgman Porter）的作品《少女波麗安娜》（*Pollyanna*）與《波麗安娜的青春》（*Pollyanna Grows up*）。劇中的主角以樂觀開朗的態度教大家「尋找快樂的遊戲」。）

感和欲望；我也非常明白，任何事情單憑責任感，無法樂在其中。

有人說，一旦產生自卑感，就會湧生反擊的欲望。確實有道理，不過，常見的情況是自卑感愈形擴大，一點也沒有激發出最重要的欲望。如此一來，麻煩就大了！從此擺脫不了嫉妒心，偷偷祈求一帆風順的人栽跟頭，自己也一路向下沉淪。

我長久以來都覺得自己的審美觀遜人一等，服裝、化妝、髮型、室內裝飾，全都不如人，我對自己非常不滿意，但也不知該如何是好。

別人的話，我會立刻對他們產生好印象；可是，對自己卻激不起半點靈感，也缺乏耐心。我始終懶得了解自己的體型、臉型和房間，試著讓它們顯得更有魅力，就連翻閱雜誌或盯著鏡子都嫌懶。

至於文章，我倒是可以重寫好幾次，直到自認為有趣為止，而且不以為苦；不對，這段過程雖然令人厭倦，但至少不會讓無趣的文章攤在陽光下。如果能寫出不論何時讀來都令人信服的文章，我也會無比雀躍。這世上還有比這更幸福的事嗎？

我在服裝、化妝、髮型、室內裝潢布置上，完全激發不出這種欲望，打從青少年時期就老是覺得「今天也不怎麼樣啊」，三十多年轉眼即逝，年分還真驚人。儘管很希望人家稱讚我是極具美

感的人，但我始終等不到那股激發我奮發向上的欲望。

朝著陽光照射處前行，少不了反覆修正路線，在不斷嘗試的過程中，「我不喜歡這樣！」「我希望變成那樣！」內心會逐漸浮現明確的意象，這也算是將欲望精雕細琢的一項作業。欲望是推力與耐力的燃料，少了欲望，船隻只會在黑暗中飄蕩。

但願心底早日湧出對於外表的熱切欲望。我一直在等待，有一天能發自內心許下願望：「我想要從黑暗中脱身！」

達到春心蕩漾的距離

明明才不久前的事，我卻想不起來那一幕是在漫畫看到的，還是在電影看到的。我最近超容易忘得一乾二淨，但我不是想抱怨記性變差這回事，所以先不談這個了。

我看到的「那一幕」，是女人自慰的畫面。

那一幕是年輕女孩對著照片性幻想的場面。她看著一張男人面露微笑的半身照，一股異樣感油然而生。

哎呀，看到這個我就想起來了，我很久以前好像也對同樣的場面感到不可思議。從前的事情，我倒是一下子就能想起來。

那個時候，我瞞著爸爸媽媽偷偷看電視台重播的電影《艾曼紐》（*Emmanuelle*），看到年輕女孩對著保羅・紐曼（Paul Newman）的照片開始自慰的場面時，我小時候一點也不明白，為什麼看著笑容燦爛的保羅・紐曼會出現自慰的舉動？但我看到肉體交纏的畫面會隱隱興奮，我想，當時的年紀對於赤裸裸的情色場面，已經可以理解是怎麼一回事了。

即使現在年紀老大不小了，要我看著有穿衣服、笑容燦爛，也就是對著像畢業紀念冊上的男孩照片春心蕩漾，實在是難如登天。所以我回憶著，到底哪一種照片比較有效？但包括裸照在內，我印象中幾乎沒有被笑容燦爛的男人獨照激起性慾；不對，是完全沒有。若是能從表情窺見一點曖昧或行為上的蛛絲馬跡，或許能聯想到性愛場面；但是這與對著鏡頭微笑的照片完全是兩回事。

就這一點來說，大部分男人的想像力未免太豐富了。在我眼裡穿著可愛服裝的可愛女孩照片，也就是一張女孩微笑的照片而已，但是對男人來說，他們就有辦法從不同的角度當成色情圖片來看。像是腋下如何如何、脖子如何如何，竟然能把所有部位跟色情扯在一起，實在佩服。

最令人驚訝的是，他們的腦袋會把一張靜態圖片自行想成動態，脱掉她們的衣服，甚至還能興奮到射精。青年雜誌裡不只刊登美女的泳裝照，也有穿衣服的寫真偶像，打從思春期就開始訓練想像力是吧？要是能把這種想像力用在活生生女人的心靈而不是肉體上，該有多可喜可賀啊。

不行不行，這可不是怨嘆的時候。我只是沒試過而已，應該也辦得到吧。正好眼前有一份狗狗的日曆，今天的圖

片是柯基伸出舌頭、一屁股坐在水盆前的模樣。我試著用這張圖片來聯想。

……太難了。我再怎麼努力，腦海中也只能像小學生畫的翻頁漫畫一樣，浮現可憐的柯基前腿後腿同時開開併併、笨拙跑步的情景，我可能缺乏視覺上的想像力吧；相反地，男人卻能把樹木的突起部分或裂縫當作性器官。嗯，女人也會這樣嗎？

我絕不容許只把女人當成物化對象，並對她們非禮及犯罪的行為，我也十分厭煩男人什麼都從性的角度對女人評頭論足；不過，這不是今天的談論重點，重點是探討笑臉照到性高潮之間的距離。對我來說，這段距離可是無止境地長。

像《艾曼紐》裡對著一點都不情色的照片心癢癢的女孩，有時會出現在幻想世界裡，就我看過的來說，這些場面全都出自男人之手。

至少我沒在女作家的小說裡，讀過女人一隻手拿著男人的笑臉照自慰的情景。女人在作品裡描寫女人的性幻想時，不外乎回想過去的恩愛纏綿，或者看到刺激視覺神經的性愛場面。由此可知，沒辦法像男人那樣性幻想的，應該不是只有我而已。

別看我這樣，我還是覺得男人很性感，有時候也是會春心蕩漾；不過，就算心不在焉瞄到電影或漫畫、連續劇裡

的「女人的情慾」場面，幾乎都是根據男人的經驗來詮釋，看了就令人火大。

不行，我不可以對不理解的事情指指點點，也許我的訓練還不夠吧。目前在歐美，裸著上半身的消防員月曆正賣得嚇嚇叫，至少在美國與英國，把男人的微笑照當成物化對象的女人（其中也有男人啦）可是有一大票。

我不禁燃起熊熊使命感，在網路上搜尋「fireman calendar」，螢幕上接連秀出以火焰為背景、身上沾著煤灰，或在水花飛濺下赤裸著上半身的肌肉男。他們的表情各式各樣，有的笑容可掬，有的正經八百一副「我是來滅火」的神情。我也注意到，他們竟然還有抱著小狗小貓的照片。

我突然醒悟抱著小狗小貓的理由，不禁笑了出來——既然消防員象徵「拯救者」，小狗小貓就是「備受保護的女人」的化身吧？把自己投射在小動物身上，想像不怕火焰的肌肉男對自己呵護備至，臉皮還滿厚的啊。啊——太可笑了，我離春心蕩漾的距離，好像又更遙遠了是吧？

各自的背景

這個嘛，該怎麼說才好呢？朋友跟我說的話，讓我傷透腦筋。

起初只是有一搭沒一搭地說一下近況，但是照例聊到工作，她就氣憤地說：「我絕不原諒那些老頭！」她口中的老頭，指的是職場上位居要職的中年男人，他們手握各項業務的決定權，只會指使女職員，卻不給她們升遷的機會，就是一群凡事「要照我們的規矩來」的男人。

「基本上，這些老頭啊。」她繼續說著。剛剛才在講職場上的中年男人，不知什麼時候開始將範圍擴大到天底下的中年男人。當老頭不分青紅皂白地數落著：「女人吶。」這些女人一旦被惹毛，可是會同仇敵愾的，要小心喔，我也是會加入戰局。

好吧，暫且不一竿子打翻一票老頭了。她在現實生活中的「其他老頭」，是生活過得還不錯、也懂得尊重女性的那一類正職中年男人，她平時並不會跟低薪且非正式雇用的老頭有所來往。

因為對方是女人而態度冷淡的老頭固然不可取，但每個人各自不同的背景會影響觀念的成形。我希望她能明白這

一點，無奈詞窮，不知該怎麼解釋才好。

前幾天，我的推特突然冒出一則沒禮貌的回覆。上面說：「你們這些人就是自以為聰明，認為男人是只會動下半身的無腦生物才那麼差勁。」我有好好回敬了一番，但是我也忘了前因後果是什麼，有時候就是會冒出這等莫名其妙的言論，我倒是沒什麼損失。

當我去看這種人平時都在推特發些什麼文，發現他們大多是生活困窘的一群人，年紀約莫四十幾歲至五十幾歲，長時間勞動也僅能勉強餬口，或者因為某種因素無法工作而愁悶度日；他們對於既不年輕又不貌美，日子卻過得頗愉快的女人看不順眼。

我不能是非不分地批判他們的無禮。他們怪罪女人使自己分配到的太少，認為自己的不幸全是女人任性妄為所害的，之所以有這種想法，是因為他們完全沒有機會了解實際上並非如此。繼續這樣下去，根本毫無未來可言吧。

在我的推特攻擊我的老頭，其實與我有個共同敵人，就是那些躋身億萬富翁俱樂部又把持既得利益的老頭；但是他們卻將矛頭指向女人。

女人當然沒必要解決他們的積怨，大可堅定拒絕；然而，如果我身為男人，遇到和他們一樣的處境，是不是還有辦法不說出「女人就是差勁」這種話呢？我有點沒自信。

即使處在同樣的條件下，有的男人仍是不會拿女人出氣，就算是職場上位居要職的中年男人也一樣，這些全都因人而異、因環境與教養而異；但問題在於老頭階層的分裂，將成為阻礙女人大展身手的枷鎖。

至於目前的情況，有一群男人把持既得利益，另一群中年男人則是生活困窘；勤奮工作的女人則是夾在兩者之間。雖說女人也有階層分裂的趨勢，但不設法讓男性貧困階層擺脫困境的話，女人的自尊心只會一再遭到削弱。

面對惡意中傷女人的這群男人，沒必要像聖母瑪利亞一樣向他們伸出援手，也沒必要耐心跟他們解釋。雖然不必放低身段期望他們了解女人，不過，我覺得最重要的是態度強硬地堅決說ＮＯ。如果能給他們一記當頭棒喝當然最好，與此同時，我也相信若是能彼此了解，即有可能成為雙方走出荊棘之路的契機——於是我就很想了解他們的背景。

一味沉默會讓別人看輕，勇於發聲可以打破僵局，想要做到這一點，與其劍拔弩張、費盡唇舌，不如互相理解更有成效。不可誤判敵人，畢竟女性主義沒有理由承擔新自由主義的責任。

隨時更新，維持「現役」

有時候聽別人說話或是讀某段文章，會不免失望地想：「蛤，都什麼時代了還用這種講法啊？」

一旦感到失望，我就會把那個人從腦袋裡的「現役清單」中移除，也許有人覺得決定得太草率，但我幾乎不曾失手過。

比方說「從事體育活動過程中不要喝水」、「女人活得比男人輕鬆」、「只有醜女才會一直抱怨男人」等等……到現在還有人在說這種騙人的鬼話。

近幾年來透過數據或真憑實據的反論，早已證實這些評論是錯誤的。

儘管如此，到現在還在用這種講法的人，只能證明他們不但沒有更新自己的價值觀或資訊，平時也鮮少和跟上時代腳步的人交談；換句話說，他們已經退出「現役行列」了。

其中也有人是故意不懷好意說這種話。這時候必須理解文章的前後脈絡與含意，只有極少數愛引人注目的人會堅持唱反調似的自我主張。

為慎重起見，雖然很蠢，但我還是認真反駁一下。

關於體育活動補充水分的問題，醫師及有證照的營養師都已明確指出：不論是訓練中或比賽中，都應該隨時補充水分，否則會嚴重影響健康。這可不是靠毅力與氣魄、能撐多久算多久的問題，絕對不可以硬撐到底。

至於女人的人生，雖說比起沒有參政權的時代已經好很多，但是和男人相比，女人的收入與社會地位明顯有差距。

「女人又沒壓力，她們輕鬆得很。」會說出這種話的人，可能一輩子都不了解結婚、生產的社會壓力吧。假設女人看起來真那麼輕鬆，那豈不代表因為大多數女人都沒有男人理所當然擁有的權限，所以看起來才那麼輕鬆；男人和女人同樣各有各的重擔，現實生活就是如此艱難。

「只有醜女才會一直抱怨男人。」

這句話一說出口，會像連續劇《冷暖人間》（渡る世間は鬼ばかり）一樣可笑。不過，若是觸及近年來女性主義的敏感神經，恐怕會嚇得不敢說這種話吧。

這種含血噴人的人，他們想說的無非是：「美女的最低要求，就是不隨便抱怨男人。」話語背後露骨呈現了要人閉嘴與輕蔑鄙視的意圖；抱怨男人的美女多得很，但是看在說這種話的人眼裡，跟醜女沒兩樣，可真行吶。

不過，現在的女人不會保持沉默，因為她們明白，表達意見沒必要被人評

頭論足，別人也沒有權力評判自己的長相美醜，這一點，我倒是有跟上時代。

我不用「邏輯」或「道理」等字眼，而是用「講法」這個詞，是因為講法有「講話方式」的含意，「講話方式」也可以改說成「表達方式」。我認為能不能使用適當的表達詞語，正是判斷一個人是否跟上時代、維持「現役身分」的關鍵，一旦用錯講法，別人便覺得沒必要聽下去。

時代已經不同了，之前是以雜誌或無線電視台節目為主流媒體的年代，現代除了社群網路，也能對網路新聞即時回覆，自說自話也無所謂。姑且不論這樣是好是壞，現在幾乎不會讓你有時間修正「表達失敗的詞語」。

想要避免原意遭到曲解而引爆大量批評的情況，需要的是技術與策略——我認為這就是「更新講法」，更新講法時，絕對少不了更新資訊並與新血交流。

與退出「現役行列」的人交談，一樣有許多值得傾聽之處；但是有些事物早已物換星移，實在不想再聽一些陳腐的意見。

即使已撤出青少年文化陣營，我仍是希望自己每天勤於更新，在與人爭論及表達意見時跟得上時代、維持「現役」的身分。

換一種生存命脈

又有一位與八十一歲的父親同樣高齡的名人離開人世。晨間新聞、綜藝節目也隨著「他的逝世令人遺憾」的標題，響起了哀傷的音樂，而這種場合絕對不會說「英年早逝」。

並不是這類新聞突然變多，而是因為父親年事已高，我才會注意到這些新聞——人終有一死。

不知道是不是父女連心，父親突然傳訊息給我：「你說我還能活多久啊？」我們每天早上一定會聯繫，今天就那麼剛好在這個時候傳來訊息；我不禁擔心他是不是身體不舒服，但看樣子並不是。

四十六歲的我，聽到人家說「現代人的壽命會延長到一百歲」，心裡只覺得：「蛤！」像以前那樣的壽命長度還嫌不夠啊。老實說，實在太累人了。

反觀父親，年過七十五歲之後便明確表示「希望長命百歲」。他從孩提時代就體弱多病，長大成人後，又長期罹患會讓他感到慢性倦怠的疾病。有一段時期，他也曾說自己已經活夠了、想去見先走一步的母親之類的話；但現在似乎一點都不想死，要是他說想死，我也

很傷腦筋啦。

原本手頭還算寬裕的父親，自從母親過世後，財力也開始緩慢下滑，到了七十歲已經沒半點財產，而現在則是Mr. 窮光蛋。

父親在成為Mr. 窮光蛋之前，出門全都坐自家車，我從來沒看過他搭電車；出外用餐很挑餐廳，也很講究穿著打扮，跟我完全不一樣；他花錢的方式非常單純直接，買高檔貨就是了。努力工作、努力賺錢，再把賺來的錢花掉，證明自己活著，父親就是如此。

前陣子還擔心他失去生存命脈該怎麼辦才好，結果是我杞人憂天，因為

父親光速般地改變了原有的作風。他開始用PASMO與Suica這兩種IC卡出門跑透透，就連Uniqlo的衣服也毫不猶豫地穿上身；除了步履有些蹣跚，父親的行動力可是媲美六十五歲左右的人。

父親的味覺也大幅擴展，家庭餐廳或民族風味料理全都來者不拒；邊吃邊喊著：「這什麼啊！」照樣吃得津津有味。換作是以前，根本想都別想。

他雖然一個人住，但身邊有人照顧，簡直幫了我這個做女兒的一個大忙。至於金錢方面，父親的豁達程度也相當驚人：「沒有就是沒有。」一點也不介意伸手向女兒要錢。

前幾天，父親事先沒跟我商量就買

了文鳥，我趕緊查了文鳥的壽命，大約七至八年。這根本在試我的膽量吧？誰先退出就輸了，我對鳥過敏，但願我不會比鳥先掛掉。

自從家裡多了文鳥，父親感覺愈來愈開心了；一旦有了疼愛的、照顧的對象，老人家也會對生活充滿熱忱。他替文鳥取了名字，叫做「小皮」，還用智慧型手機拍照片給我看，盡情享受現有的一切，再加上欲望無窮，我想，父親應該不會那麼快歸西吧。心靈能夠升級，實在可喜可賀啊。

時代改變，價值觀也會一變再變。

由男人的終身雇用制與資歷輩分制，以及家庭主婦的無償照護勞動撐起的日本經濟，老早以前就結束了；父親若是還留戀陳舊的價值觀，每天的日子想必會過得黯淡無光吧。

看著父親堅強的模樣，我真的覺得自己一定要效法才行；他從來不說「想當年真好」，而是讓身體與大腦不斷適應新事物。父親傾盡全力教導我，這就是永遠都能享受人生的祕訣。

正因為父親隨時都有可能去見母親，所以我由衷希望他直到最後一刻都能盡情做自己想做的事。

chapter 3

故事滿人間

這世上充滿了故事，
例如小說、連續劇、電影等等……
負責創作故事的作家與編劇，
為了用故事打動我們的心，
想必日以繼夜揮汗絞盡腦汁，
才有辦法在不經意間逗樂我們。
我的幻想，完全無法跟這些故事相提並論。

娛樂圈是生命泉源

SMAP在二〇一六年底解散，我打從心底感到驚訝。

反正我的想像力啊，就只能透過貧乏的經驗相互演繹及歸納，才會老是遭受現實突如其來的外部攻擊。不光是SMAP解散的消息而已，還包括至今所有讓我感到晴天霹靂的事物。

從大學畢業至三十一歲為止，我一直在唱片公司的宣傳部門工作。當公司旗下藝人確定發行新單曲或新專輯，我的工作就是讓社會大眾知道發片消息，例如洽請雜誌刊登廣告、拜託廣播電台播放新曲、洽談上電視台的歌唱節目宣傳打歌，想當然耳，我見到明星藝人的機會相當多，也經歷過幾次解散事件。

回顧為數不多的經歷，我想，任何組合面臨解散，都不是「只為了某個關鍵因素」；成員都有各自不同的想法，他們口中的真相，也會因為立場不同而有些變調，唯一的共識，僅有絞盡腦汁擠出來的結論：「我們再怎麼努力，也

沒辦法堅持下去了。」

我不是SMAP的死忠粉絲，頂多有幾張他們的CD而已；儘管如此，我還是很震驚，可想而知多年來的粉絲遭受的打擊有多大，當他們看到局外人輕率地用「重大打擊」來形容這件事，說不定會氣得火冒三丈。

如果長久以來看著SMAP，或許會察覺一點蛛絲馬跡，想必粉絲們有時候會因為不希望惡夢成真，而在夜裡祈求平安無事吧。粉絲應該是左右為難，一方面希望他們無論如何都要度過這道難關，另一方面也不希望給他們太大壓力。

在這世上，有一群人是靠著竭盡全力支持某個人，而勉強撐著活到明天。

他們在電視上看到載歌載舞的團體，會在社群網路上發文說：「這次的歌曲很好聽欸！」或是看到在美國職棒大聯盟大顯身手的日本選手，會一手拿著啤酒自言自語地讚嘆：「哇！能跟世界一流好手對戰，太厲害了。」這些人可不是一日粉絲。

他們能夠藉著熱情，忘我持續支持某個人，暫時避開眼前的辛酸現實。也有的人因此得以用開朗的心情度過單調乏味的日子，娛樂圈及體育界對粉絲來說，稱得上是生命泉源吶。

我以前負責女子偶像團體的企劃工作時，有位長年追偶像的男粉絲說：

「粉絲會支持跟自己相似的成員

喔！為什麼會熱情支持團體裡面最不起眼的成員？因為自己在現實中就是那麼不起眼；支持看起來笨手笨腳的成員，也是因為自己實際上就是笨拙得不知如何是好的人。而現實生活中，沒有人會這麼努力地為自己加油打氣，所以才會把自己投射到某位成員身上，由自己來替自己加油。」

當我才二十出頭的時候，父母雙雙病倒，分別入住不同醫院。身為獨生女的我，頓時手忙腳亂。

雖然親戚與朋友給予大力支持，但是知道父母都罹患了攸關性命的重病時，我得費一番功夫才能把持住自己的心情；可是，我沒時間怨天尤人，只能來回奔波，今天去母親的醫院、明天去父親的醫院。

那時候，成長於美國紐約市皇后區的饒舌歌手納斯（Nas）所唱的〈The world is yours〉就成了我的精神支柱。當時所有勵志歌曲讓我愈聽愈沮喪，完全派不上用場；就在我一籌莫展之際，攬著我的肩膀，隨節奏搖擺，陪在身邊跟我一起前行的就是納斯。他說：「別擔心，這世界屬於你的。」

「為什麼我會遇到這種事？」這句話始終在我腦海中揮之不去，完全不覺得人生是屬於我自己的。在那時候鼓舞著我的，卻是原本以為和自己沒有任何共通點的饒舌歌的歌詞。

「這個世界屬於誰的？是你的！」因為納斯這樣說，我才能捱過那段日子，我從前也深受音樂鼓舞吶。

現在應該有許多SMAP粉絲感到悵然若失，不知道明天的日子該怎麼過。跟我同年齡層的粉絲想必也不少人感到震驚，擔心得坐立不安。

現在該由自己來決定自己的人生了。從前人生過得搖擺掙扎的時候，是SMAP鼓舞了自己吧？請一定要相信，這一點從今往後也不會改變。

SMAP的粉絲，加油啊！

男人瘦身，好傻好天真

基本上，女人在四十歲之前應該都挑戰過瘦身。

我一開始嘗試的是「鈴木莊能子*式瘦身法」，這種方法是碳水化合物照樣吃，可是要徹底減去油分，也就是生肉要先用熱水燙過、去掉油脂。但這一點對於和家人同住的青少年來說，實在太難做到，所以瘦身大計沒多久就停擺。

從此以後，新的瘦身方法如雨後春筍冒出來，例如「只要吃○○就能瘦」、「丹麥國立醫院瘦身餐」、「超強排便瘦身茶」等等……若是再搭配時下流行的運動類型，根本多到數不清。

眾多瘦身法問世又消失的原因，並不是想瘦的人絡繹不絕，而是有太多人曾經成功，但最後又復胖了，當然，我也是其中之一。光是把我瘦下來的公斤數加起來，差不多等於一個成年女人的體重吧，如果再加上復胖的份，那就是兩個人。

瘦身好幾次後，便很難瘦下來，雖然明白這一點，但復胖了也沒辦法。如

果瘦身有黑名單之類的榜單，我肯定高居前幾名。

話說回來，年過四十後，這回換成一群男人開始對瘦身感興趣，起因不外乎「照鏡子發現自己的體型明顯走樣」，或「健康檢查發現離疾病僅一步之遙」。還跟年輕時候一樣不忌口就會發胖，對我來說如此稀鬆平常的道理，對他們而言似乎是晴天霹靂。

身邊的四十熟男迷上的瘦身法，不出意外是限醣飲食，人類減輕體重的方法從幾百萬年前就不曾改變，總而言之，只要消耗卡路里大於攝取卡路里，就會瘦下來。儘管如此，現代卻崇尚「盡量避免含醣的碳水化合物、充分攝取脂質與蛋白質的方法」，鈴木莊能子女士若還在人世，也許會嚇得從椅子上跌下來。

說到限醣飲食的功效，內臟脂肪多的男人會比皮下脂肪多的女人更容易感受到它的效果。事實上，看到身邊那一群男人消瘦之快，實在令人不爽。他們過去泡在啤酒堆裡、狼吞虎嚥拉麵當收尾菜的生活戛然而止，取而代之的是得意洋洋地在社群網路上傳自己吃健康餐的照片，還有體重變化的過程。

＊鈴木莊能子，美容研究家及料理研究家，生於一九三二年，二〇〇〇年病逝。

瘦身是最能輕易獲得成就感以及肯定自我的方式，當事者感到興奮雀躍也是無可厚非，誰會去責怪沉浸在短暫成功的人呢？

也有人因此發現運動的重要，為了跑步，特地去買專用運動鞋與Apple Watch。由於早晚都認真地跑，結果愈跑愈嗨，有的人便將這段過程發表在社群網路，向所有人推薦跑步的樂趣。

看著他們，不禁覺得好傻好天真。剛接觸瘦身的這群人，還不知道一旦停止瘦身，體重就會逐步回復原樣，他們也無從得知，每一次復胖就會失去一次自信，當然也不知道突然開始跑步會對膝蓋造成損傷，他們真的什麼都不知道。

我在這邊說些顧人怨的話，實際上也偷偷開始限醣飲食，但是感覺效果不怎麼樣，這種失落感，我也早已習慣。

以上便是男人的瘦身，真羨慕他們，即使人到中年，依然保有初次體驗新事物的歡欣雀躍。我們女人難道就沒有這種開開心心的初次體驗嗎？

我指的不是擁有權力、只要身為女人就有機會經歷的深刻體驗，而是比較輕鬆愉快的初次體驗。

花錢買健康

繼去年的峇里島之旅後，我又去泰國的蘇美島玩了七天五夜，為了排除體內靜電、消除壓力，所以我的目標是去南國度假，充電之前需要先放電呀。

不管是峇里島還是蘇美島，如今早已不再是人氣最旺的熱門景點，目前最熱門的似乎是越南的峴港以及有「台灣夏威夷」之稱的墾丁海灘，雖然感興趣，但我總是有點膽怯。

我會趁大家都不去之後，悄悄去遊覽有些冷清的場所。對我來說，那樣正好，多虧我不愛跟人家湊熱鬧，所以我繼峇里島之後再去蘇美島，除了機場以外都沒遇過其他日本人。

去年在峇里島住的度假飯店有附設私人游泳池，使用起來十分痛快，瞬間覺得自己是個有錢人；我討厭為了變有錢人而辛勤工作，但是想體驗一下當有錢人的滋味，我就是這種人。

這一次，我也逛遍了各個旅遊網站，就為了找一間有附設大型私人游泳池的度假飯店。瀏覽比較了各個網站，甚至

還推算游泳池的長度、寬度及深度，與預算天人交戰，最後雖然稍微超出一點預算，總算訂了一間令我滿意且附有私人游泳池的度假飯店。

南國炎熱。連續好幾天的氣溫都超過三十度，濕度也相當高，肉體的疲乏程度雖然比不上在東京的時候，但問我舒適嗎？也只能搖頭了。不過，全身的不純物質彷彿隨著脖子上滴下來的汗水排出去，就這樣跳進游泳池的話，便能得到脫胎換骨般的痛快滋味，太爽了！

在東京，早晨的五分鐘轉瞬即逝；但是在南國，以為已經發呆了一個小時，結果看了時間才過了二十分鐘而已，這種情況一點也不稀奇。

抬頭看看天空，萬里無雲，色彩斑斕的鳥兒鳴叫著，一閉上眼睛沐浴在毒辣的陽光下，框住我這副肉體的外框就像溶化在游泳池水裡似的。

至於飯店前方廣闊的祖母綠海洋，跟峇里島一樣是淺灘，不適合下海游泳。來自歐美的觀光客似乎都固定在沙灘上看書或享受日光浴。

因為我的身材比較魁梧，如果周遭全是身材纖細的亞洲人，我就沒心情穿上泳衣；而歐美人士即使身軀龐大，照樣敢穿比基尼，我也不必有所顧忌。這回我也期待能像上次在峇里島一樣自在，

但蘇美島不僅有苗條的亞洲美女，就連歐美人士也有不少身形窈窕的女人。

雖然寫著「歐美」，可是我在下榻的蘇美島度假飯店沒見到半個美國人，豎起耳朵聽他們交談，說的大多是法語或德語，好不容易鼓起勇氣跟一名女性攀談，她說是來自愛沙尼亞。

歐洲人不太有胖子。我問了常去歐美出差的閨蜜，她說其中一項因素是他們攝取加工食品（Processed Food）的量遠比美國人來得少。正如「人如其食」（You are what you eat）這句話所說的。

美國的加工食品種類非日本所能比，據說成人約有七十%都超出標準體重，諷刺的是，美國中上層階級最愛吃的，是高檔超市「全食超市」（Whole Foods Market）販售的標榜有機且添加物含量少的食品。如今的社會，需要花費金錢與時間才能享有健康的飲食生活，「健康」已逐漸成為奢侈品了。

回頭來談談我去印尼峇里島及泰國蘇美島的感想吧。我都是趁著雨季將近、類似東京酷暑的季節造訪兩地，對於兩者在天氣的體感大致相同；餐飲方面，泰國料理肯定最合我的胃口。

不過，會讓我不經意回想起來的，是峇里島的景致。

以印度教徒為大宗的峇里島，隨處可見用來供奉的花籃（Canang）以及

石雕神像，走在路上就能感受到一股神聖的氣息，是因為生活在島上的人們用他們的風俗習慣與行為舉止，勾勒著無形的神靈。神靈不是早就在那裡的，是「信仰」這項行為創造了祂們。

如我這般的觀光客，也因此有幸感受到無處不在的神靈；儘管濕度及溫度相當高，峇里島上仍有清風徐徐吹來。

誰也不容侵擾的聖地

我去看了田原俊彥的演唱會。實在太精彩了，忍不住想和大家分享，小俊真的真的超帥啊！

我是一九七三年出生，有「小俊」暱稱的田原俊彥在一九八〇年以〈憂傷約會〉（哀愁でいと）這首歌出道當歌手時，我七歲。由田原俊彥、近藤真彥、野村義男三人組成的「田野近三人組*」在當時大受歡迎，頻頻登上電視、廣告及雜誌彩頁。

我那時候對小俊和音樂節目裡其他偶像的歌曲琅琅上口，幾乎不必看歌詞就能唱出來。當〈The Best Ten〉（ザ・ベストテン）與〈深夜熱門舞台〉（夜のヒットスタジオ）開始播放，我就在電視機前準備好卡式錄放音機，一邊以

＊田野近三人組（たのきんトリオ），名稱取自三人的姓氏，田原的「田（た）」、野村的「野（の）」、近藤的「近（きん）」。活躍於一九八〇年代前期，一九八三年八月解散。

眼神警示父母「安靜一點！」一邊錄下歌曲。我小時候比任何人更喜愛唱歌跳舞，像我這樣的小孩，應該不少吧。

後來，小俊順利從偶像之路跨足主演電視劇。或許是從九〇年代中期開始，愈來愈少在電視上看到他的身影；儘管如此，去卡拉OK唱歌時，只要有人點了〈今晚擁抱我〉（抱きしめてtonight）這首歌，肯定每次都嗨翻全場。

大約十五年前，我買了小俊的演唱會DVD，因為我從Youtube影片上得知他一直在從事音樂活動。看了DVD，發現小俊一點也沒變，還是跟當年一樣，奮力地把腿高高往上踢。

時間來到二〇一六年，我意外得知他十一月會在東京舉辦巡迴演唱會的最後一場表演，於是本著非看不可的強烈心念，邀朋友一起前往中野太陽廣場（Nakano Sunplaza）。

場內座無虛席。當我懷著緊張的心情等待開場，卻看見一樓的觀眾猶如風吹稻浪似的一齊回頭往後瞧，順著他們的視線望去，發現二樓座席最前面，站著一位笑容可掬的老太太。就在此時，掌聲此起彼落，我這才意識到，啊，那位老太太正是小俊的母親大人，簡直就像伊麗莎白女王蒞臨觀賞歌劇似的。

場內燈光暗下，舞台上出現小俊（當時五十五歲）擺出經典姿勢的剪影，滿座昔日少女們頓時歡聲雷動，所有人臉

上都浮現蒙召天國般的幸福笑容。

小俊依然像以前一樣，整場演唱會又唱又跳。

他有不少膾炙人口的熱門金曲，若是只唱從前的熱門金曲，填滿兩個小時的演唱會內容絕對綽綽有餘。然而，像〈騎士道〉、〈跳查爾斯頓舞還太早〉（チャールストンにはまだ早い）、〈原宿之吻〉（原宿キッス）這些早年的熱門金曲只占全場的三分之一，其餘大多是近幾年來發行的歌曲，對我來說幾乎都沒聽過，我太不用功了！

話雖如此，我這麼說也許太冒昧，但我覺得近年的歌曲水準一如往年，或者說製作得更加嚴謹；不過，他並沒有膚淺地擷取流行元素，我們可以從他的歌曲清楚了解，這大概屬於哪一個時期、他喜歡哪一種風格的歌曲。時至今日，我才真正發覺：「啊，小俊真的很喜愛音樂啊！」

頂級偶像的歌曲不論處在哪個時代，理所當然都是名曲，正因為演唱者的音樂風格沒有固定的傾向，當代的頂尖創作者才能無拘無束地提供出類拔萃的歌曲。而唱片公司的總監與製作人也十分樂見偶像與頂尖創作者這兩種極端的角色激盪出化學反應。

我為自己小看了田原俊彥而感到汗顏，因為我胡思亂想，竟然以為小俊過去多少有些不情願唱這些歌，我沒想到

小俊竟然如此熱愛「音樂」。唱出對深愛女子的愛的田原俊彥，實在太帥了。

「怎麼了？萬聖節結束了。啊，你平常就化妝成這樣喔？」他不輸毒蝮三太夫*，小俊愛虧歐巴桑的主持風格很爆笑，了解他的粉絲發出嬌滴滴的歡呼聲也很有意思，感覺雙方的互動充滿了愛。

小俊心目中的音樂、粉絲心目中的小俊，這份堅持熱愛的美好心意，和著汗水及淚水形成結晶，在中野太陽廣場的舞台上閃爍著耀眼光芒，那是誰也不容侵擾的聖地。

演唱會中場，擺出蹲姿的小俊嘀咕著：「麥可這裡很長吧。」

原來小俊和我們一樣，也有個無比深愛的偶像啊，那就是麥可．傑克森。

＊毒蝮三太夫，一九三六年生，日本演員、諧星、電台主持人。

瘦身的動力

好啦，那群男人開始瘦身後已過了一年，說「不出所料」未免有點失禮，但是有不少人遭遇有生以來第一次復胖，心情沮喪得很。我十分了解他們的感受，因為過去已經重蹈好幾次覆轍。

前陣子跟某位堅持不碰任何碳水化合物的男人一起吃飯，他這回竟然搶先點了炒飯，這才像話嘛！我問他：「你不用限醣了嗎？」他回說：「先休息一下。」這種心情，我懂。可是，真正想瘦身的話，不可能中場休息的；不過，這不是很好嗎？

我喜歡身材魁梧、和我同齡的男人，有點肉感的人感覺比較有安全感；身體曲線略微走樣的人，在我眼裡也很性感。我總算能理解男人對於女人一心想瘦、心裡暗自感到遺憾的心情。算了，對他們而言可能無關緊要吧。

這些初次體驗瘦身的中年男人，把自己吃了什麼、體重如何變化的減重成果一一發表在社群網路上，所有人都是氣勢高昂，明顯處在「愈減愈嗨」的

狀態（這是我自創的詞語，泛指瘦身初期常見的現象，跟戀愛初期的激情有點像）。

當他們氣勢如虹地展開瘦身大計，體重也如預期開始減輕，就會覺得一切似乎一帆風順；他們為體重計上逐日減少的數字深感自豪，對自己充滿自信。進展順利固然不錯，但是這種瘦身期間特有的興奮狀態，對局外人來說不免有些熱血過頭；積極向上自然是好，旁人卻不禁感到擔憂及可恥，這也是男人的魅力所在吧。

另一方面，也有始終維持瘦削體型的勇者，他們的共通點是持續健身。肌肉一增加，飲食也跟著增加一點的話，似乎不太會復胖。

有的男人因為煩惱自己沒桃花，於是把上臂練得壯碩，原以為他們會變得比較受歡迎，結果似乎沉迷健身，不在乎自己是不是有桃花了。給人們帶來幸福的事物，隨時都在改變。

真要瘦身，不是暫時改變飲食內容，也不是減少食量，而是永遠改變飲食生活——有識之士早在幾十年前苦口婆心的道理。不過，知易行難，至少對我來說是不可能的。

有氧運動、健身、均衡的飲食，瘦身沒有花招，靠的全是一步一腳印完成目標。跟這有點類似的，便是讀書考試，我在考高中及大學時都是第一志願落

榜，所以說，意志也不是那麼堅定。

話說回來，我的體重這一年來幾乎沒變。打從半年前起跟著私人教練鍛鍊身體，體型雖然有一點改變，但是飲食生活不改變的話，體重還是無法減輕。

儘管如此，「正經八百做理所當然的事」實在無聊透頂，老實說，如果換得的報酬不是「突如其來的驚人改變」，根本激不起半點動力。能讓我堅持下去的原因，就是「樂在其中」。

我無論如何都想把「樂在其中」與「有益健康」劃上等號。雖然也很在意外表，但是到了這把年紀，我更擔心生活習慣病找上身。

我想要的不是纖細的雙腿，而是強健的腸胃與十年前的體力。自從改變了瘦身的目的，我的人生也許才正要開始。

對於樂團復出的感懷

各位知道「槍與玫瑰」（Guns N' Roses，以下簡稱GNR）嗎？他們是八〇年代後期至九〇年代，風靡全球的美國重量級搖滾樂團，曾創下歷年專輯總銷售量超過一億張的紀錄。

嗓音沉重如鉛、銳利如鋒，演唱會極度危險，聽了令人眉頭大皺的猥瑣歌詞，莫名滲著一絲脆弱與虛幻。成員各個無所畏懼，無比自由奔放，他們是如此帥氣，令人著迷。而我最喜歡的是帶點土氣的貝斯手，達夫．麥卡根（Duff McKagan）。

愈受歡迎的樂團愈難以長久持續，這是不變的道理，「槍與玫瑰」也不例外。

與知名唱片公司格芬唱片（Geffen Records）簽約的那一刻起，GNR就註定成為明星，猶如行駛在耀眼的黃金軌道上，後來隨著經典傑作唱片問世，他們便以全速疾駛衝向顛峰，與此同時，乘載全球各地粉絲的車體也日益龐大。

軌道與車輪也在此時碰撞摩擦，產生震耳欲聾的雜音；但是粉絲更加沉迷

其中。車子最後爆出火花，故障頻頻，創始成員一個、兩個退出了樂團。

脾氣溫和的達夫雖然堅持到最後，依然在九〇年代尾聲因為厭煩透頂而離開。把自己以外的所有成員全都解雇的樂團靈魂人物，主唱艾克索·羅斯（Axl Rose），後來雖然與新成員著手製作新專輯，但是花了超過十年的歲月才得以發行。他也在這段期間暴肥。

遭解雇的成員後來重聚組成別的樂團，無奈時運不濟而宣告解散；換句話說，兩者的處境都很糟。

中途解散的樂團想要復出，需要的是足以將厭惡淡化為往日情懷的時間，以及眼前的窘迫、對歡呼吶喊的渴望。

半吊子的復出，感覺就像由本人模仿自己的樂團，粉絲也會覺得洩氣。GNR成員之間的感情那麼差，應該不可能復出了吧，我以前一點也不擔心這個問題，畢竟有人詢問是否有可能復出，成員的回答是「此生無望」（Not In This Lifetime）。

然而，事實比小說更離奇。二〇一六年突然冒出了令人不敢置信的消息——GNR的創始成員幾乎全員到齊，準備復出展開世界巡迴演唱會。而這次巡迴演唱會的名稱，竟然就叫「Not In This Lifetime...」。開玩笑啊！仔細一看，日本場次不也列在巡迴行程裡嗎？

我猛然想到一點：「要花錢嗎？」

同時心想：「無所謂啦。」如果是二十幾歲的我，或許會嫌棄「唉唷好俗」而直接放棄；但隨著時間流逝，我也變俗了，重溫舊夢有什麼不好？我豁出去了。

那一天終於到來，我和認識二十八年的閨蜜，睽違二十四年再去看ＧＮＲ。順帶一提，他們二十五年前來東京巨蛋演出，我也是跟她一起去。當年的我們，深深著迷於ＧＮＲ，而依舊熱忱不減的閨蜜，至今還把一九八七年發行的首張專輯當成新曲一樣繼續聽著。

相隔足足四分之一世紀再看ＧＮＲ，感覺猶如肉汁四溢的沙朗牛排。演唱會依然拖得很長，彷彿「Ａ５等級的牛排吃到飽」，閨蜜和我在心底握著刀叉，懷著不知道下一餐在哪裡的心情，一塊接一塊地狼吞虎嚥、大啖肉片，吃得心滿意足。

其中最令我感到震撼的，當年帶點土氣的達夫竟然變成最帥的。

年過五十的外貌，便是過往人生的最佳見證。比起一直過著荒唐生活的艾克索，以及退出後仍繼續活躍在幕前的吉他手史萊許（Slash），達夫顯然帥氣得多，從前蓄著金色長髮的他，如今一頭短髮也與長挑身材相稱，全身散發著一股真誠面對人生所孕育出來的自信。

有一個傳言，達夫用他在ＧＮＲ賺來的錢去社區大學進修經濟方面的課程，後來也善用所學，在家鄉西雅圖投資了小小的連鎖咖啡店。

連鎖咖啡店的名稱，正是星巴克（STARBUCKS COFFEE）。不難想像，他後來累積了多少財富；從此以後，他繼續從事音樂活動，同時也是一名活躍的投資家。

不穩定的荒唐生活，對不是巨星的我們來説，有著無盡的誘惑；換言之，像我們這群待在舒適圈的不負責任的陌生人，正在消費巨星們的生活方式。到最後，所有巨星都不在了，粉絲滿足了自己的好奇心，拍拍屁股走人，誰也不在乎巨星過上怎麼樣的生活。雖説這是搖滾明星常見的下場，但是達夫並沒有照這張路線圖走。

説到超凡魅力，肯定是身材依舊福態的艾克索最吸引人，畢竟沒有他，就沒有GNR；不過，以男人外表來説，達夫顯得更帥氣百倍。

我無意探討哪一種人生最幸福，不過，來到人生下半場，他們已有足夠的經驗好好思考如何面對自己了。

過去也許讓不少女人哭泣的達夫，如今穿著「Women's March」的T恤登上演唱會，抗議川普總統歧視女性。他現在的身分是妻子的丈夫，以及兩名女兒的父親。

都是集印卡的錯

許久沒感冒的我，中招了。今年梅雨季結束之前酷暑不斷，八月卻是一反常態的低溫，天氣如此不穩定，感冒了也沒辦法。

雖然嘴上說著「沒辦法」，懊悔的心情仍是一點一點湧上來。我平時不至於生病，全因為有個祕密信念。

可喜的是，我沒有嚴重到需要請病假，但是連續健康紀錄因此中斷，實在很不爽。對紀錄中斷感到不滿，簡直像小孩子一樣。

我是從什麼時候開始有這種想法呢？搜尋記憶，起點是小學暑假期間的廣播體操。

每天早上被迫早起，脖子上掛著集印卡，跑向徒步三分鐘路程的公園，用跑的不到兩分鐘就到了。總之，我得在「噹噹噹啷～噹噹噹」的音樂響起之前到公園就定位，每天都覺得自己像故事裡的梅洛斯*。

廣播體操一點也不好玩，唯一開心的只有去了之後會蓋印章，那就是早起

的報酬，彷彿一蓋章，大腦就會分泌多巴胺，我那時候的快樂還真廉價。

想集到會讓自己開心的印章，就得從頭開始參加；如果中途才參加，結束之後，我也拉不下臉要人家幫我蓋印章，我這個小孩就是死腦筋、守著奇怪的規矩。既然自稱梅洛斯，對我來說最重要的問題自然是「來得及、來不及」。

說到這個集印卡，一點也不簡單。它的紙質比圖畫紙更硬一些，上面印有方格，就像月曆一樣，每一格都附上了日期，也就是說，看了卡片就能清楚知道有沒有每天來。

當印章像糯米團子一樣一連印了幾個，大腦也會源源不絕分泌出多巴胺；可是，中間如果休了一天，就會出現可惡至極的空白。

因為這樣而興致減半，對我來說是家常便飯。我像嘔氣的梅洛斯：「啊——不幹了啦，反正又沒有人會被處死。」昨天為止還那麼珍惜的集印卡，

＊梅洛斯，出自《走れメロス》，直譯為「奔跑吧！梅洛斯」。日本名作家太宰治於一九四〇年五月在《新潮》發表的短篇小說。描述多疑的國王因為無法信任別人而濫殺無辜，梅洛斯欲從暴君手中拯救這座城市，卻招來殺身之禍。將被處死的梅洛斯請求國王給他三天時間回鄉參加妹妹的婚禮，並以摯友當人質，若他三天內未能返回，摯友就會被處死。在第三天日落之前，歷經艱險的梅洛斯終於趕回來。

就因為一處空白讓它不再美麗，導致今天看了那張卡片就討厭。

長大後，開始覺得這種規矩不太妥當。有必要把沒去（或者去不了）這件事情那麼清清楚楚地用空白標記出來嗎？

暑期的游泳課和牽牛花觀察日記也一樣，總而言之，日本小學生在暑假期間，一直被灌輸「持之以恆至上」的觀念，而這些項目的記錄方式，全都是利用印章或圖畫等方式以視覺呈現連續性。

為什麼要讓小學生做到這種地步呢？或許是為了讓孩子養成習慣，把「持之以恆」當成「日常生活的一部分」，讓孩子了解不必那麼拚才能做到持之以恆，像呼吸那樣自然而然就能持續下去。

我曾聽說，想要建立新的大腦迴路，就得不斷重複同樣的動作——於是便產生了帶有鼓勵性質的集印卡等物品。

我很想告訴那時候的大人，「持之以恆」與「連續不斷」是兩回事。集印卡只不過是用來強調連續性的一種方式，不是嗎？「連續不斷」的過程不允許中途缺席，但是「持之以恆」的過程可以中途休息。所以廣播體操的集印卡，根本不需要印上日期，只要整個過程參與了八十％，就算中途休息了幾次，卡片上的方格看上去也像是蓋滿的，剩下的二十％就當是紅利點數不就好了嘛！全程參與了八十％，已經稱得上是「持之以恆」了。

因為誤解「連續不斷」與「持之以恆」的意義，助長了半吊子完美主義的結果，我中途放棄的事情多得數不清，寫日記、瘦身、運動、念書、彈鋼琴，族繁不及備載，偷懶了一、兩天，就因為破壞了連續性而感到厭煩，就此罷手。根本不需要這種無謂的連續不斷，是吧？例如廣播體操、寫日記、瘦身，做這些的目的都不是為了更新連續的記錄。為了持之以恆堅持下去，也需要適度的休息。

小時候，曾有人對我說：「遇到挫折就放棄，是壞習慣喔。」這不是我的錯，絕對是當年那些大人的錯，因為他們只知道用報酬來獎勵「連續不斷」的行為。

如果我小時候就明白「持之以恆」與「連續不斷」是兩回事，青春期階段應該會多肯定自己一點吧。

流行音樂的存在意義

有幸與瑪丹娜、碧昂絲如此偉大的流行音樂家，生在同一個時代，我對此由衷感謝。感謝誰？因為我沒有固定的信仰，那就感謝「大地」吧。

我從她們身上得到了「迎向未來」的勇氣。

二〇一八年，碧昂絲在美國屈指可數的戶外音樂節「科切拉音樂節」（Coachella Music Festival）上，成為第一位擔綱壓軸的非裔美籍（黑人）女歌手。網飛（Netflix）也上架了她的紀錄片《HOMECOMING》，紀念這場名留青史的歷史性表演，這部影片的內容非常精彩，我不到三天就重溫一次，讓男友先生十分傻眼。

我當天是透過Youtube現場直播觀看演唱會，時隔一年，碧昂絲的表演依舊震撼我的心靈。不論從哪一段開始看，碧昂絲的一舉手一投足，以及在舞台上的所有演出全都鼓舞了我，這部影片的每一部分，全都意義非凡。

我拍胸脯保證，《HOMECOMING》

絕對是當代女性最重要的一部影片，不管看了多少次，最後一定是淚流滿面。多少個沮喪的夜晚，看了影片就能打起精神來：「我絕對不認輸！」

流行音樂就是要備受喜愛才有價值。美國的統治階級以高加索人（白人）為主，大眾文化中的少數民族文化發展，多少有遭到冷落的傾向，表演及作品愈容易受到擁有權力的多數派所青睞，自然賣得愈好；展現真我卻帶來「風險」，不只是市井小民才有的遭遇。

然而，碧昂絲一如既往地讚揚非裔美國人的文化，並將它的美好清楚呈現在世人面前，甘冒風險之餘，也成功帶給人們無比的感動。她臉上的笑容絕不是為了諂媚別人，她那魄力十足的神情，彷彿要將傳達的訊息直擊人心深處，徹底征服了全球歌迷。

令人熱血沸騰的演奏，來自上百人組成的樂儀隊，表演服胸前閃閃發亮的獨創標誌，象徵美國傳統黑人大學院校（HBCU）的文化；換句話說，這些並不是高加索人所熟悉的元素，而碧昂絲絕不討好任何人。

非裔美國人在美國長久以來遭受嚴重的歧視。

近幾年來，高舉「黑人的命也是命」（Black Lives Matter）標語的市民運動十分踴躍；「黑人的命也是命」，不是理所當然的道理嗎？

然而，他們卻得向世人疾呼如此尋常的道理，可見日常生活過得多嚴苛。無辜市民遭警方如蜂窩般濫射，甚至因此喪命的事件層出不窮。在美國，膚色決定了生命的價值。

碧昂絲是真心想改變現況，她為了將勇氣帶給遭到「邊緣化」的人們，尤其是女人，讓她們相信自己的價值，並且提高社會地位，於是歌頌女人的自立自強，鼓舞女人的士氣。

演唱會絕無冷場，中間還穿插了托妮・莫里森（Toni Morrison）、妮娜・西蒙（Nina Simone）、麥爾坎・X（Malcolm X）、愛麗絲・華克（Alice Walker）等非裔美籍作家、社運人士以及歌手極富啟發意味的演說。這些全是給非裔美籍女性的訊息，但是彷彿也說出了身在遠東的我們的心聲。

我不禁省思流行音樂的存在意義。

以詞語和旋律豐富日常生活，將聽者的喜悅放大，並且撫慰憤怒及哀傷，我覺得這就是流行音樂的骨幹。

然而，流行音樂不僅如此而已。我認為它最重要的任務是大力支持邊緣化的人們，幫助他們提升自尊心——碧昂絲便做到了這一點。

我以前也有過同樣的感動體驗。

流行天后瑪丹娜於一九九三年的「女子秀」（THE GIRLIE SHOW）巡迴演唱會，也和碧昂絲一樣，於表演中歌

頌遭到邊緣化的人們。

當初看的時候，只能體會到膚淺的一面；但是，隔了幾年再次觀看，卻感受到四肢彷彿被電到而麻痺的震撼。瑪丹娜的「女子秀」，第一次讓我體驗到看演唱會而深受啟發的感覺，那個時候的瑪丹娜，成了愛滋病患與同性戀者的代言人，而如今也能透過DVD觀賞「女子秀」。

我雖然是亞洲出身的女異性戀者，卻真心覺得「瑪丹娜與碧昂絲深深鼓舞了我」。女人所處的立場，不因東西方而異。

門市的當令時節與欲望的當令時節

食材在最美味的時期上市，稱為「當令」，最近除了蔬菜、水果、魚貨以外，也有其他所謂的當令。

例如便利商店陳列的商品，除了零食或便當等常態商品，也有琳瑯滿目的季節限定商品，而且還不斷推陳出新。

春天推出的是梅子或櫻花口味；初夏則是抹茶口味；推出薄荷風味，便是預告夏天來臨；紫芋口味上市，代表秋天近了。其中還有趁隙上市的香菜風味及黑胡椒風味等商品，總是把紫蘇風味及BBQ風味等常態商品擠到角落去。

便利商店的當令商品給人曇花一現之感，原因不光是季節限定商品的販售期間短暫而已。最近所有一切都用端點銷售系統（POS）來管理，因此，一般的新商品如果銷量不佳，一下子就會從市面上消失。

「哎呀，是牛奶起司口味的冰淇淋耶！看起來好好吃。可是今天沒什麼胃口，下次吧。」當自己老神在在地這樣說，等到想吃的時候，就再也找不到了。

這是我的親身體驗，我至今耿耿於懷，沒吃到那一款牛奶起司口味的冰淇淋。

對零售商而言，有庫存不是一件好事。滯銷商品一直堆放，只會增加倉庫開銷；有些商品長期存放在倉庫，也有可能因此劣化，所以才會主打暢銷商品，並且在一開始就限制製作數量。

如果只主打暢銷商品，會使門市陳列的商品種類有限，因此要將季節限定商品投入市場；再加上一般人的興致不會持續太久，所以要接二連三推出限定商品，賣完就沒了，這種做法確實聰明。

除了便利商店以外，快時尚品牌的門市同樣讓人感受到「當令」的短暫，這塊領域也是不斷將新商品投入市場，看到的時候如果不買，下一週就從門市消失了。即使喜歡朋友身上穿的衣服而去店裡尋找，也從來沒找到同樣的商品，有時候網路商店還有存貨，但大多數情況都是想要的尺寸已經賣完。

不論是便利商店或快時尚品牌，感覺它們都不會給你「深思熟慮的猶豫時間」；特別是單價低的商品，只准在那一瞬間斟酌。這樣還要「斟酌」，有點討厭吶。

前幾天，我有機會與從事網路商店的人士交談。據他表示，這一行的商品價格差距相當大，從最低兩千日圓到最高五萬日圓

都有，最有意思的是，價格與顧客下單購買的時間完美成正比。

如果是兩千日圓的商品，顧客十分鐘就會按下「購買」鍵；如果是五萬日圓的商品，據說得花上一個小時與其他商品比較評估。左思右想的結果，最後不買的情形也屢見不鮮。

准許顧客花時間慢慢斟酌的，僅限單價高的商品。就算考慮時間較久，畢竟單價高，店家也不會感到困擾，只要賣出一個，就足以讓店家眉開眼笑；不過，單價低的商品不一樣。顧客選購的時間太長，就會被認為銷量不佳而下架。

這麼說也許很難理解，以下舉實例說明。

假設有一間網路商店，推出了兩千日圓的衣服與五萬日圓的衣服，並假設每一位造訪網路商店的顧客，一定都會看到這兩項商品。

如果兩千日圓的衣服與五萬日圓的衣服在六個小時內都只賣出一件，兩千日圓款一天的銷售額就是兩千日圓乘以四，等於八千日圓。

另一方面，五萬日圓款一天的銷售額是五萬日圓乘以四，等於二十萬日圓。如果你是老闆，考量到倉庫租金與出貨運費，會想賣哪一款自然顯而易見。

兩千日圓的衣服若是繼續擺在網路商店，考慮到工錢問題，必須二十分鐘賣一件才能回本。以上估算得有些草率，

總而言之，想買兩千日圓的衣服時，如果猶豫得太久，商品就會從架上消失。

姑且不論商品價格，我倒是很享受逛街的行為。如果時間允許，我就會出門去逛逛瞧瞧，若是發現勾起新欲望的商品，便雀躍不已，接下來就是猶豫要不要掏出錢包。猶豫也是購物的樂趣之一呀！

如今的時代，連這點樂趣也談不上了嗎？愈是便宜的商品，愈得立刻下手；門市的當令時節，是完全不會等待欲望的當令時節。

既然如此，那就在發售的那一刻同步購買便宜的T恤吧。結果三個星期後，店裡還擺著同樣的商品，甚至還打三折！或許是為了「清庫存」，但是也請考慮一下我的心情，當初可是用將近三倍的價格買下的啊！

懷念那道轉來轉去的漩渦

一按下按鍵，尖銳的「嗶」聲響起，洗衣機立刻停止運轉。啊啊——又來了。

一年半前，我買了新的洗衣機。之前用的是從老家搬過來的，那一台從母親還在世的時候就在使用，足足有二十多年歷史。洗衣機正面有個流線型圖案的商標，上頭寫著「全自動控制」（NEURO FUZZY）的字樣。

「全自動控制」是九〇年代最廣泛運用在家電的技術，這種系統能夠準確自動判斷洗滌物的量與髒汙程度。印象中完全不記得這台洗衣機有什麼好，但隨便按下按鍵，它就能按照指令運作。

新買的洗衣機就沒那麼好用，比較難搞，放進洗滌物之後按下「啟動」鍵，它就會自動偵測布量，決定水量與洗衣劑的量，到目前為止還沒問題。

我按照機械的指示放進洗衣劑，接著闔上蓋子，洗衣機開始陷入沉思，過了一會兒，總算慢條斯理地運轉起來，真的有夠慢。

就算很想瞧瞧裡頭變成什麼樣子，

洗衣機也很貼心地把蓋子鎖得牢牢的，開也開不了。要是有一條抹布忘了洗，想再扔進去也來不及了。

如果想要中途追加洗滌物，就得按下「暫停」，等待解除鎖定——你必須得到機械的允許才行——不僅如此，解除鎖定還挺費時，不可能立即停止運轉、馬上掀開蓋子。

不知道該不該説它太嚴厲，感覺它根本把洗滌物當成人質，在洗衣機大人洗到滿意為止前，我們絕不能看一眼清洗污垢的過程，這種感覺簡直就像故事《白鶴報恩》。

這台洗衣機的賣點是像淋浴一樣，由上至下洗清衣物，但是我這輩子都無法親眼看到這場淋浴，因為蓋子鎖住了。

苦難還不只如此。「暫停」鍵和「啟動」鍵是分開的，「啟動」鍵也兼具「停止」的功能。換句話説，想要暫停運轉而按下「啟動」鍵的話，不管是洗到一半或洗完了正在洗清，洗滌動作會全部停下來，這跟我在文章一開頭的「啊啊——」哀號有關；若是在迷迷糊糊間按下了按鍵，就會替自己找麻煩，這可不是我的錯，是設計有問題。為什麼呢？卡式錄放音機的「開始」鍵與「暫停」鍵，不是同一個嗎？拜託不要隨便破壞規則。

一邊碎念一邊等待解除鎖定，得到允許後掀開蓋子，往裡頭瞧瞧——最近

的洗衣劑不像以前那麼會起泡，就算目不轉睛地盯著水槽，也看不出來它是洗到一半，或者才剛洗完正要洗清。什麼嘛，為什麼要這麼考驗我？

我雖然是洗衣機的奴隸，但好歹也是名偵探，於是拉開了放柔軟精的小盒子，赫然發現裡頭空空如也；也就是說，它應該還沒洗清完畢，所以我重新按了洗衣機的按鍵，設定洗清與脫水。

進行到這裡，我不禁嘆了一大口氣：「唉～～～」

洗個衣服而已，為什麼要這麼耗費腦力啊？難道就沒有能讓我這種家事能力奇差無比的人，不必花腦筋也能洗得乾乾淨淨的高科技家電嗎？

小時候的洗衣機是雙槽式，不必蓋上洗衣機蓋照樣能運轉，所以我只要看著泡泡接連冒上來就很開心，當然也能親眼看它怎麼把污垢清洗掉。

如果嫌它洗得不夠乾淨，也只需要在洗清前追加五分鐘，讓洗衣機繼續運轉就好。按下去「嗶」一聲就立刻運轉，洗衣機與我，配合得如此天衣無縫。

我明白現在的洗衣機完美得無懈可擊，但我還是十分懷念那台能照我的意思運轉的洗衣機，還有那道在眼前轉來轉去的漩渦。

如今的時代，確實不必再擔心洗滌槽內側會發霉了。

繞了一大圈彎路

美國有位人氣女歌手，麥莉．希拉（Miley Cyrus），她十三歲的時候演了迪士尼頻道的電視劇《孟漢娜》（Hannah Montana），從此一躍而成家喻戶曉的明星。

她飾演的主角設定為白天是一名平凡的學生，晚上則是風靡全美的當紅偶像，天真爛漫的角色個性與她自己相重疊，麥莉本人以歌手身分出道時也極為風光。

迪士尼頻道是以兒童為收視對象的有線電視台，也是未來大明星發跡的知名門徑，想要受到迪士尼頻道力捧，就得保持清純形象，備受所有人喜愛。麥莉．希拉自然不例外。

青春活力的肉體、一頭棕色長髮、迷人的笑容、完美無缺的舉止……如果姪女帶麥莉回家說：「我交了新朋友。」麥莉的存在就會讓你相信：這孩子真的過著充實的校園生活。可想而知，全美青少年多麼崇拜她，看到自家孩子這麼迷她，家長也非常放心。

二〇一三年，情況驟然改變。任何人在形塑自我認同的過程中，都會經歷叛逆期，但是麥莉的叛逆期特別劇烈。

在MTV主辦的音樂錄影帶大獎（VMA）上，麥莉的衣著近乎全裸，僅穿著膚色內衣，做出充滿性暗示的大膽舉動。由於她的行為備受爭議，《赫芬頓郵報》因此寫了報導大肆批評，這件事也同時成了八卦的熱門話題。

麥莉當時年方二十，她也許認為自己「已經二十歲了」，應該有不少粉絲擔心她會不會就此走上賣弄性感一途，就連我不是死忠粉絲，也忍不住像擔心親戚小孩一樣憂心忡忡。

在知名音樂節做出挑逗性的動作，她並不是第一個，這是各個藝人想要一改以往的端正形象時常用的手法。同樣來自迪士尼頻道的布蘭妮・斯皮爾斯（Britney Spears）也是如此。

布蘭妮後來的私生活也是糟糕透頂，花了相當長的時間才重新回到舞台，這就是典型的「童星凋零」。當他們失控的精神狀態赤裸裸地攤在陽光下而轟動社會之餘，自己也被這股驚濤駭浪吞噬了吧，但願麥莉不至於如此。

麥莉卻不顧眾人的擔憂，舉止一次比一次大膽。粉絲因此分成兩派，一派表示排斥，另一派則是愈來愈瘋狂支持。

我也因為受不了亂糟糟的心情，而毒舌批評了麥莉。男友先生聽到之後，

露出一副不可思議的神情說：「幹嘛這樣？這是她現在最想做的事情吧？她搞不好一直都很想這麼做啊。」我在不知不覺間也自私地把理想形象強行加在麥莉身上了。

我把麥莉的大膽舉動視為叛逆期的行為，但是這種主觀認定，或許純粹出於希望她當個令人放心的好女孩的傲慢心理，是我自以為是地認為壞女孩形象不適合她，跟麥莉一點關係都沒有。

她彷彿持續挑戰社會的道德底線，不斷做出大膽行徑，有時看起來甚至像是下流版的女神卡卡（Lady Gaga）；換句話說，既廉價又自曝其短，過度極端了。

每當我皺起眉頭，麥莉整個人彷彿就在我眼前，問著：「你為什麼這麼不高興？」而我一時之間無法回答。除了「品味很糟」、「不適合」之外，還有某種情緒堵在我心底。

至少麥莉還沒發生因為酒駕遭到逮捕、服用過多藥物而送醫等，不時在美國娛樂圈上演的情節，算是值得慶幸。不對，是我本身的偏見，才會把這兩碼子事扯在一起吧？

二〇一七年秋天，麥莉的大膽行徑收斂了不少。在新專輯的單曲《Malibu》音樂錄影帶中歌唱的麥莉，穿著帶有飄逸荷葉邊的白上衣，

並以接近素顏的裸妝微笑著。

彷彿孟漢娜沒有繞了一大圈彎路，就這樣原封不動地長大。只能從身體各處的小小刺青，窺見走過驚濤駭浪日子的痕跡，那看起來也有些可愛。

我不禁想要好好讚美她的頑強。雖然最後總算回到原點，讓人們欣慰地說「你回來了」，但是想要從大人揠苗助長造就的空洞自畫像中掙脫、再次親手奪回主權，確實需要繞一大圈彎路吧，尤其是她想要用那小小的身軀，反抗世間盲目從眾的壓力。

正當自己鬆了一口氣，這回麥莉說：「我是性別中立（沒有性別之分）的泛性戀（無論性別為何，任何性別都有可能是戀愛對象）。」並與多年來分分合合的演員連恩．漢斯沃（Liam Hemsworth）結婚，但是僅維持八個月就離婚了。離婚後不久，狗仔隊即拍到她和女友在沙灘上親熱，她再次走回放浪形骸的路；不僅如此，這回的大膽行徑更加堂而皇之。

哎呀，感覺我又擅自把麥莉．希拉塞進小箱子裡了，這可不行吶；不論是「叛逆期」或「彎路」，我用的這類詞語，背後明顯藏著平時最討厭的社會規範。

請隨意吧，你高興就好。我就站在稍遠一點的地方看著。

麥莉．希拉，永遠屬於她自己。我才應該把自己拖離「這樣才對」的偏見。

去拿那個過來這裡做這個！

看了最近非常流行的電視廣告，不屑地心想：「這個不是給我用的吧。」我覺得那些產品無非是給更年輕的世代用來玩樂的，或是給年紀大很多的上一代輔助生活所需的，例如：聲控開關電燈、會語音通知天氣和新聞的電子產品。對我根本沒用嘛！這種語音產品，超麻煩的。

正式名稱似乎是「智慧型個人助理」（Intelligent Personal Assistant），也就是一般所說的「Ok Google」或「Alexa」這類語音助理，總之，就是新型的家電。

智慧型手機也有內建同樣的功能，但我幾乎沒在使用，覺得跟沒有生命的東西說話很彆扭，最主要的原因是嫌麻煩，想知道什麼事情，自己輸入文字查詢就好。

有一天，我發現有個同齡朋友在社群網路上發文說自己常用語音助理；隔天，我才知道工作夥伴也是語音助理的使用者；除此之外，另一個朋友也現身

說：「我買了那個什麼Google喔。」

我不禁有些慌，或許不能再置身事外了，不過，大家為什麼要用這個啊？

據他們表示，這種家電在空不出手來的時候非常方便。對於正在照顧孩子的人，以及臥床的人來說，的確很有幫助；可是，我不是以上兩者。

基本上，要發出聲音下達指令才有下一步動作，這種事情對我而言簡直是地獄，因為我從以前就不擅長對別人發號施令。之前的工作配有助理，看到她們一臉困惑的表情，我就有自知之明了。

以前的助理曾說，我指示的內容是「把那個跟這個，交給那個人」，當我愈心急，說出來的幾乎全是指示代名詞構成的句子；助理雖然明白我很急，可是也摸不清到底要怎麼做才好。

上網查詢不知道的事物時，我不會一直輸入指示代名詞，不會廢到在搜尋框裡輸入「像那個的這個」。

我在描述自己的想法時，會先整理一下思緒再說出來，這對我來說並不難，而寫電子郵件或信件也沒問題；唯獨開口拜託別人時，只會說出一連串指示代名詞。

要在瞬間發號施令，相當需要天賦，而我缺乏這種能力，所以我差不多每天都因為自己無法妥善表達而生悶氣。

「智慧型個人助理」這種產品就算

具備高度智能，不下達指令說「把那個關掉」、「把這個打開」便無法運作。我不禁浮現機器以清晰的語音反問「請再說一次」、「『那個』是什麼？」，而我一副不耐煩的模樣。

自我懂事以來，記憶中關於家電進化的最久遠印象，是「按下按鈕，就能輕鬆完成」。每道指令各有對應的按鈕，至於何時運作，就由負責按下按鈕的人類來決定。

到後來，按鈕不斷增加，操作方式愈來愈複雜；接著發明了資訊科技（IT），可利用文字輸入的方式下達複雜的指令。我本來以為進化的過程至此告一段落，沒想到，利用聲音下達指令的時代來臨，時光不能倒流嗎？

要把想做的事情以寫文章的口吻說出來，這樣還稱得上「進化」嗎？又不是熟齡夫妻的婚姻治療。

「開燈，不對，不是那邊，是這邊的，呃——客廳的，對，開燈！」與其這麼驚慌失措，還不如默默拉下天花板垂下來的燈具拉繩就好了嘛。

最後，這個語音助理還是送到我家來了，既然是人家送的禮物，也只好收下了。

問我好不好用？它現在是我每天早上問天氣狀況和氣溫的寶貝呢；不過呢，這只要看一眼智慧型手機就解決了。

省錢、敗家與亂買東西

我不喜歡省錢，也不喜歡敗家。這麼寫出來，感覺我像是有獨到見解；不過，我很愛亂買東西，甚至可以列進我的專長。

我雖然愛亂買東西，但是我沒辦法亂買奢侈品，理由很簡單：買高檔貨必須慎重考慮才行；買衣物，就得送去乾洗；買餐具，也不能隨便放進洗碗機；買珠寶，又怕弄丟而不敢配戴；買家具，也會怕刮傷而提心吊膽，根本毫無樂趣可言。

另一方面，購買價格還可以接受的商品，便能大大方方使用；就算受到欲望驅使，買了好幾個類似的商品，也不會花多少錢，非常適合亂買。

在買東西時我不想花腦筋。選購的時候，如果還要考慮它跟目前所有的物品搭不搭、還得想辦法不要超出預算的話，我的腦袋就會突然發疼。善用金錢的人看起來是很聰明，但是把錢花在沒什麼價值的東西上，光是如此，一樣能

感受到心甘情願的興奮；所以，這樣也很好啊。

當我照自己的方式過活，男友先生說：「工作所需的工具，要捨得花錢比較好吧？」他還說，畢竟往後都要靠這些工具賺錢，應該優先考慮好不好用以及東西的品質。說得沒錯，確實沒有木匠會使用刨不出來的刨刀，我非常認同他的說法。

既然如此，我就大方地砸錢購買吃飯傢伙。下定決心後，我便買了用來工作的最新款筆記型電腦；可是，那設計時尚的鍵盤實在很不好打字，沒多久就肩膀痠痛，最後還引發頭痛。它的確是製作精良、堅固耐用的高檔貨，但除此之外，沒有任何優點。

反觀我用來寫這份書稿的自家用筆記型電腦，品牌是戴爾（Dell），當初是在秋葉原的二手電腦專賣店跟印度人買的，價格剛好一萬日圓；雖然使用時間太久的話，充電電池會秀逗，但是只用WORD寫稿或者上網查資料，則是完全沒問題，這樣就很好了啊。

即便是我，有時候也是會砸大錢的──那就是按摩椅。畢竟工作久坐會腰痠背痛，廣義來說，它也稱得上是吃飯傢伙。

由於按摩椅的價格比房租還貴，讓我百般猶豫；但是它最無可取代的優點，是能讓我隨心所欲享受按摩身體的

樂趣，絕對值得購買。拜這張按摩椅所賜，打破我至今花錢購物的最高金額，只要我願意，還是肯花錢的嘛。

前幾天，我去家電量販店買電池，看到有一區擺了各式各樣的按摩椅；以前為了採訪有體驗過，但是當時沒有仔細鑑賞，這次正好坐坐看。

沒想到，最厲害的竟然是我家那個機種的最新款，簡直就像真人手感大力揉抓按捏我的肩膀、腰部、小腿，連腳底也能按壓得直擊痛點。我家那台按摩椅本身有幾個問題，原本自暴自棄地想：「畢竟是機器嘛。」但這台新款按摩椅完全解決了舊款的問題。竟然進化到這個地步了。可惡的Panasonic！

大事不妙。好想現在就汰舊換新。我連忙看了標價，上面標示著比房租貴兩倍的價格……「噹！」腦中頓時響起了銅板的清脆聲，我悄悄把標價牌翻回去。南無阿彌陀佛。

買吃飯傢伙要慷慨一點。我本來已經打定主意了，可是這台按摩椅屬於奢侈品的領域，而且是超昂貴的奢侈品。每次坐下來，應該都會小心翼翼緊張得很，要是弄壞了，我可能會哭吧，到底要使用幾次才能回本呢？

哎呀，我現在竟然在花腦筋買東西，這是失去樂趣的警訊！

要是賺到更多錢，再大手筆將它買下來吧，在此之前，先和舊款一起撐下

去。下定決心後，就此離開量販店；實不相瞞，我在回家的路上，就用智慧型手機調查按摩椅舊機換新機的價格了。

殭屍與花生米

我從以前就愛想東想西。念國中的時候，我便幻想自己萬一在路上巧遇最崇拜的樂團，要怎麼保持自然，向他們表明「我是你們的粉絲」時才不會顯得太厚臉皮。想著想著就睡著是常有的事。

在我的設定中，他們所有成員經常出沒在原宿或六本木；因為是美國的樂團，所以我幻想他們正好來日本。既然是腦袋裡的幻想，我可以隨時讓他們來日本，多棒啊！

即使發現他們，我也不會立刻衝上去，更不會「跟蹤埋伏」，而是非常自然地走近他們身邊，寒暄幾句後（既然是美國人，跟陌生人攀談也不奇怪），假裝才恍然大悟地說：「你們該不會是那個樂團的成員吧？」我不會直接跟最受歡迎的主唱或吉他手說話，而是找貝斯手或鍵盤手搭話；接著再不經意地誇獎專輯裡的歌曲，不可以劈頭就誇單曲，那會顯得太花癡了。連我都覺得自己是個卑鄙的小孩啊。

因為對方是美國人，所以我設定

自己用英語跟他們說話；在黑暗的房間裡，蓋著棉被盯著天花板，比手劃腳地說著破英語，常常說到最後便湧上睡意，獨生子女就是這麼自得其樂。

即使長大成人，我的幻想症頭依舊不改。這幾年的研究主題則是「要是在路上遇到殭屍，該怎麼處理？」我就是喜歡「巧遇」。

我會參考電影、電視劇及漫畫的情節，心想若是在轉角處遇到殭屍，該怎麼逃走？我就在騎自行車時邊踩邊思考這個問題，太危險了；我非常明白騎車時應該注意車輛與行人，但還是很在意會不會突然遇到殭屍。我想像的殭屍行動遲緩，不超過三隻的話，應該勉強可以騎自行車甩掉它們。

我也經常想像，如果殭屍從家裡的陽台闖進來，我該用哪一種家具當防柵擋住它們。我打算用宜家（IKEA）的KALLAX，像棋盤一樣分成一格一格的中空層架組。

我設定只要瞄準殭屍的頭部，就能把它打死。因此，當殭屍一頭栽進固定在窗邊的層架組，我就會像打地鼠一樣解決掉它們；不過，我不想看到殭屍被打死的慘狀，所以會在層架組上面鋪一層柔軟的床單……幻想還是到此為止吧，因為我跟朋友說起這段幻想，他憐憫地望著我說：「你怎麼老是

想這些詭異的東西啊，好可憐喔……」

恕我冒昧，我在廣播節目裡開設了煩惱諮詢單元。聽眾的煩惱也有不少天馬行空的幻想。其中最令人有遐想空間的煩惱是：「自從單身外派之後，吃柿種*零食都會留下一堆花生米。」

諮詢者愛吃柿種裡的米果；可是，當他因為單身外派開始獨自生活後，發現吃這種零食時都留下一堆花生米——以前在家裡都有人幫他吃花生米。真是意想不到的情景，讓他意識到家人不在身邊，這則小故事，甚至激起了我的往日情懷。

我發覺自己正不斷豐富這段情節的內容——他們是一家四口。女兒是高中生，最近跟父親處得不是很好；父女倆因為找不到共同話題而苦惱，不過，父母若是在晚間小酌時間吃柿種，女兒就會立刻來到客廳，抓一把起來吃。

念國中的兒子也很愛吃柿種，老是偷吃母親替父親買來存放的零食，即使被念了好幾次，兒子依然故我地吃著。

父親單身外派後，便自己買了一大堆柿種；以前都是妻子負責採買的，雖然種類琳瑯滿目，平時不習慣上超市買東西的父親，倒也享受著購物的樂趣。

一個人回到家後，想到自己終於可以霸占所有的柿種就樂不可支，但是過了不久，發現留下一堆花生米，不禁感到心情激盪。

小小的客廳裡擺著一張小小的桌子，從桌上亂七八糟的柿種包裝袋裡散落出來的，全是已變潮的花生米。唉，以前都是女兒幫忙把花生米吃掉的啊。

看著自己買來堆積如山、一個人根本吃不完的柿種庫存，頓時想起了兒子；試吃了好幾種口味，結果還是妻子買的最好吃，忍不住想念妻子。

我的幻想無止境地延續；不過，我沒有能力將它發展成完整的故事，只懂得把一個個片段列舉出來，故事毫無進展可言，中間也沒有發生任何事件，我頂多想得出來女兒生了急病而已。通常這種極端的情節，只會顯得更乏味。

這世上充滿了故事，例如小說、連續劇、電影等等……負責創作故事的作家與編劇，為了用故事打動我們的心，想必日以繼夜揮汗絞盡腦汁，才有辦法在不經意間逗樂我們。我的幻想，完全無法跟這些故事相提並論。

＊柿種（柿ピー），像柿子種子形狀的米果，包裝裡頭通常混有鹹花生米。

銷售員的堅持

朋友想買新車，於是陪他去逛逛東京郊外的二手車市場。我沒有駕照，也完全不知道轎車（Sedan）和轎跑車（Coupe）有什麼區別，但至少可以當個路途中的聊天對象吧。

第一間店非常寬廣。露天展示的車輛，我覺得應該有好幾百部。嘩，原來二手車市場是這個樣子啊，我跟朋友在展場晃來晃去，又瘦又高的中年男店員隨即過來招呼。

朋友立刻跟店員說了自己的需求。

「請到這邊來。」他快步帶領我們來到寫著SUV的立牌前。

朋友指著一部又一部SUV，不停問店員問題；不過，店員的回覆總是含糊其詞，例如詢問同廠牌車的新款與舊款差別在哪？店員只會回答基本的內容，但是也毫無重點，反倒是極力想和我們閒話家常，甚至開始聊起他在上一份工作的心路歷程，朋友與我互相使了眼色，決定趁早閃人。

然而，敵人也不是省油的燈，跟著

使出漫長的拖延戰術。

他說有來店禮，於是帶我們去辦公室旁填寫資料，最後他則拿著填好的資料走進辦公室裡頭，好一陣子沒有回來。

當他總算回來，這回開始介紹付款方式。欸欸，等一下，我們還沒決定要買吧？

看著我們一臉困惑，店員連忙印出在庫車輛一覽表，可是，每一款都不符合朋友的需求。你剛才到底有沒有把話聽進去啊？而且所謂的來店禮，竟然只是一盒面紙。

我們頓時深感疲憊，直接前往第二間。由於下一間店是專賣二手高級外國車，於是抱著「姑且看看」的心情前往。

剛在停車場停好車，一名年輕的男店員立刻從店裡飛奔過來，真有朝氣。朋友告訴店員想要換車的預定時期、預算、平時的用途等等……店員便說符合需求的是德國某個等級的車款，但是這間店沒有賣；看樣子這裡似乎只經手更高等級的車款。

雖然一開始就碰釘子，但是店員後來依然詳細回答朋友的問題，也讓他試坐了幾款展示車。由於超出預算，當朋友一臉抱歉地想要離開，店員卻好整以暇地說：「其實我蠻推薦您看看某家公司的某系列車款。」某家公司的車不是國產的嗎？這間店雖然是二手外國車專

賣店，但是方才的互動應對給我們的印象非常好，於是對他所說的話產生好奇。

「國產的某公司車款，在安全性能方面獲得全球極高評價，不但省油，轉售價格也相當高。」

他說起話來口若懸河、妙語如珠，不僅待客禮儀十分周到，態度也愈來愈熱情，聽起來彷彿國產車比外國車更好。

由於他實在太過熱情，一問之下，才知道他自己開的就是那一款國產車。我就說嘛，原來是那家公司的忠實粉絲啊，怪不得咧。

第三間店遇見一位女店員，她說自己開的就是朋友感興趣的那一種車款。她在介紹那款車的優點之餘，話語中有點貶低自家公司銷售的其他廠牌車款。

第四間店的店員，以擬人化的口吻稱車子為「這孩子」，並且不斷推薦試坐。當試坐結束，朋友與我也因為一連試了好幾部，早就忘了第一部車的試坐感覺了。

每位店員都有自己的個性、各有喜歡的車款，每個人的說法也形形色色；而每一間店的店員充滿個人色彩的談話風格，大幅超出了推銷話術的範圍。

即使表達方式就推銷用語來說不算恰當，但也因為他們有自己的堅持，所以不至於留下壞印象，有的人便因此「想跟他買」吧；或許賣車就像車子的性能，關鍵在於「跟誰買」。

如今想想，第一間店的店員可能沒那麼愛車吧。賣東西還是要賣自己喜歡的，才能樂在其中啊。

什麼叫「個性很好」？

有的人看起來，會讓人感到一股壓迫感。這句話所說的就是我。

我從小就是這樣。按照別人的說法，就是「總覺得有點兇的樣子」，上個月也有人這樣說我，我也只能無可奈何地認了。

既然如此，至少要讓人家改觀：「沒想到跟她說話之後，發覺她的個性竟然這麼好。」不過，我問了身邊的熟人，他們似乎不覺得如此，難道我就這麼惡劣嗎？他們居然說：「也沒到那個地步，反正不好也不壞。」

網路上有不少人自稱品行惡劣，有人會故意在社群網站的個人簡介上寫著：「人品差、毒舌。」這種做法也許帶有牽制的意味，但我覺得有點遜，根本沒必要裝模作樣地使壞，一看就知道在騙人。真正品行惡劣的人，絕對不認為自己是那樣的人。

性格的好壞，不適合用「自稱」來認定，有第三者的存在，才有可能談論這個問題。當自己一個人待在無人島，

就算欺負信天翁，只要沒人看見，自然不會被貼上「壞孩子」的標籤，頂多心裡默默想著：「我……還真惡劣啊。」永遠只有自己以外的人，才能判斷我這個人是好是壞，所以一個人在不同人的眼中會有不同的評語也很正常。

話說回來，別人又是以什麼為基準，判斷一個人的性格好壞呢？

我第一個想到的條件是「對人友善」，但是「對人友善」是很模稜兩可的感覺，通常取決於接受者覺得這項舉動對自己有益，進而認定對方很友善。

有的人可能只對特定的人友善，或者因不同的對象而改變態度；如果對所有人都很友善，這個人就只是個老好人罷了，即使是老好人，一樣有人會在背地裡說他壞話：「他就是對誰都好的爛好人。」實在划不來。

也許有人覺得，會有「划不來」這種想法的人，本身的個性就稱不上有多好。太過計較，確實得不到任何人的信任；另一方面，只會犧牲自己成全利他行為的人，就會被奸詐狡猾的人所利用。

這麼一想，感覺「個性好」常伴隨著風險，這樣的個性，難道如此危險嗎？

不對，我想到的那些個性好的人，顯然更堅強。他們深深扎根於大地，不會因為一些風吹草動而動搖；他們不會為了討人歡心而拍馬屁，給人的印象就是誠懇實在。

我心目中「個性好的人」，對任何事物都是胸襟寬闊且豁達開朗，既不傲慢自大，也不妄自菲薄，到底該怎麼形容那樣的狀態呢？

實在很難分辨一個人是不是真的個性很好，我姑且上網查查看。我在搜尋框裡輸入「個性好的人、特徵」後，「啪」地按下「Enter」鍵。不出所料，第一個出現的就是「對人很好」。嗯，也是沒錯啦。

我不死心，繼續瀏覽了好幾個網站，赫然發現令人拍案叫絕的解釋：「不論何時皆能真誠喜人之所喜的人。」

就是這個！

唯有做到這一點，才算是真正個性好的人。像我這種人，在自己狀況不好的時候，即使嘴上說著「不錯啊～」心裡卻會想著「要是失敗就好了」。

不論何時都能祝福別人幸福，實在令人敬佩；不論何時都能對別人的哀傷感同身受，也同樣令人尊敬；唯有自身圓滿的人，才有可能做到以上兩者。

所謂圓滿，並不是和其他事物相比不好也不壞的狀態，而是對自己有信心，覺得「這樣也很好啊」；換句話說，可以坦蕩蕩、從容自在地不跟別人比較，這才算是「個性好」。

所～以～說～嘛～～但願如此啊～～至少不用那麼累嘛～～

個性好的人，也許比想像中還遲鈍。

自己到底是好孩子還是壞孩子？別人到底怎麼看待自己？說不定他們出乎意料地一點也不在乎。

啊，有這種想法，會顯得個性有點差吧。

祕則為花

受閨蜜之邀，我們前往淺草搖滾座（淺草ロック座）觀賞生平第一次的脫衣舞秀。

聽說最近有不少女粉絲，所以我沒那麼不自在，不知道是脫衣舞不一樣了，還是時代不同了，或者兩者都有所改變；根據閨蜜所說的，似乎跟加藤茶當年在粉紅燈光下表演搞笑短劇「就一下下喔～」不一樣。

我們在開演前十分鐘抵達劇場，也許是黃昏時分的關係，淺草搖滾座彷彿與街道融為一體，靜靜地矗立在那，明明位在繁華大街上，卻不經意走過頭。

劇場創始於一九四七年，我卻不識好歹地說它「與街道融為一體」，以為它多多少少會瀰漫一股古建築的潮味氣息，不禁有點掃興。

這裡的脫衣舞秀，每一場約兩小時，一天表演五場；每位舞者的表演秀稱為「景」，每場表演中間會休息十分鐘，一共七幕景；收費為男性五千日圓、女性三千五百日圓（當時）；每場表演中

間不會清場，想看就進去看，不想看隨時能離場，全場均是自由座。

我們買了票，隨即進入大廳。客層幾乎是二十多歲至七十多歲的男性，高齡者相當多，女性或情侶檔也比想像中的還多。整座劇場雖然有些老舊，但十分乾淨，猶如老字號電影院。

買了飲料後，推開劇場的大門，映入眼簾的是舞台中央有一條延伸至觀眾席的走道，走道盡頭也有一座圓形的小舞台，觀眾席是以小舞台為中心的扇形配置，全部大概有上百個座位吧。我們想要就近觀賞舞者的表演，於是占了舞台正側面的座位。

過了不久，震耳樂聲響起，劇場燈光立刻暗下。當天表演的七名舞者，首先以輕快的群舞代替舞台問候；其中一人的服裝與眾不同，戴著皮革面具遮住了半張臉。我非常驚訝，沒想到她會裝扮得如此硬蕊*。

她是首席打者。硬蕊的不僅僅是服裝，她隨著混合搖滾的背景音樂劇烈舞動著，不禁令人擔心她的四肢會不會因此甩了出去；那俐落的舞姿，明顯擁有

＊硬蕊（hardcore），一種搖滾樂風，源自於八〇年代的美國。對愛好者而言，是能夠充分表達、解放自我的音樂，不好此道者則認為這種音樂的歌詞不堪入耳、音樂如噪音般吵雜。

多年舞蹈經驗。她在這十分鐘裡，以全身力量讓觀眾感受到猛烈的衝擊，轉眼結束了表演。

女人的胴體，竟然如此強韌曼妙嗎？我得全神貫注欣賞才行，於是重新端坐。她剛才彷彿賞了我一巴掌，訓斥著：「別小看我啊！」

七幕景一次進行著。有位舞者跳著令人聯想到美國女星麗莎·明妮莉（Liza Minnelli）的踢踏舞；有位舞者則是穿著衣襟大敞的和服，並在胸前抹上了血糊，杏眼圓睜似的盯著觀眾。哇喔哇喔，太猛了吧。

表演毫無冷場，舞者散發的氣勢自舞台籠罩整個劇場。每個人都是身材窈窕，雙臂一抬，立即浮現肋骨痕跡與結實的腹肌；有的人上圍豐滿，有的人胸部小巧；有的人個子高挑，有的人嬌小玲瓏。沒有一個人表現出一絲受人掌控的感覺。

她們的舞技或許有高下之分，但每一位舞者均賣力演出，彷彿在說著：「看啊！這就是我！」她們絕不會輕易撩撥觀眾的情緒，因為她們並不是生來就一副魅惑之態，一舉手一投足之間流露個性的美人。

我也猛然發覺，這些表演沒有半點會使女性感到厭惡羞恥的要素。我到底是以誰的角度來欣賞表演？我來這裡是想要確認什麼吧？

舞者雖然不吝展現胴體，但是露出私處時也不會刻意擺出銷魂的神情。有的人玉手微遮，讓手心裡的蝴蝶在指縫間若隱若現；有的人則是表現得像燃放鞭炮一樣令人震撼。反正這裡不會看到隨手可得的廉價「色情」。

在此之前，我輕蔑地以為脫衣舞不過是從女人之間違背道德的禁忌話題，轉變成展現女性胴體與舞蹈之美、讓女性也深受吸引的正向表演秀——這種膚淺的解讀，終究是落伍了。

表演名稱是「祕則為花」。出自世阿彌的《風之花傳》，辭典的解釋為「使觀眾大感意外而深受感動；讓觀眾猜不到結局的表演，即是藝術」。說得沒錯，確實如此。

話說回來，坐在最前排，看起來像是常客的老人家，您在這裡感受到了什麼呢？您想從那些堅持不賣弄色情、只展現才藝的傑出女人身上得到什麼呢？

最佳手帳決定明年目標

十二月了，回顧這一年，感想很多，但是沒空沉浸在感傷之中，因為要開始準備明年的手帳了。

我平常是用紙本的手帳管理行程，曾經改用過電子手帳，但是輸入資料與確認內容時反而更花時間，所以又回到紙本手帳。

手帳很方便，可是很難找到一本使用方便的手帳；手帳有週計畫或日計畫等各種樣式，我喜歡月計畫的格式。

幾乎所有手帳都有月計畫頁，基本上會搭配週計畫頁；但是，對我來說是多此一舉。

週計畫頁面上還有時間表，適合忙碌的人管理行程，至於我的日常生活，需要標註截稿的日期比開會的數量還要多，所以不太需要時間表。

對我而言，最重要的是能一目瞭然掌握一個月的預定行程，其次是有足夠的筆記內頁讓我立刻寫下筆記或靈感。

如果日期方格較大、又能以跨頁方式一覽整個月的預定行程，那是再好不

過；若是能拿掉週計畫頁，多一些筆記內頁，我會更開心。

我堅持手帳一定要夠大本，尺寸最好是B5以上；如果手帳是從十二月開始，以色彩清楚標示星期一為一週的起始、星期六日為一週的結束，還附有固定綁帶，避免放在包包裡時散開的話，那可真要謝天謝地！

二〇一六年時，我在購物網挑選了幾個看來不錯的款式，並且逛了十幾間文具店實際比較看看，左挑右選的結果，決定買下MOLESKINE的大型手帳。在購買的前一刻，我還在猶豫要不要買KOKUYO的月計畫手帳。

這關鍵在於MOLESKINE附有一個夾層，可以用來裝便條紙與明信片，除此之外，MOLESKINE的款式看起來也比較帥氣，總而言之，就是虛榮。我平時很小氣，MOLESKINE的價格卻是KOKUYO的八倍，虛榮是要付出昂貴代價的。

用了一年的感想嘛，大致來說，沒那麼差，但也不能說非常好；至於書寫的手感，感覺KOKUYO比較合我的意。

跨頁的月計畫頁上方有較多留白，對我非常有幫助。讓我可以把讀過的書、看過的電影、聽過的音樂、去過的演唱會或美術展等的標題寫在空白處，不至於到了十二月時一臉茫然地想：「我今年讀了什麼書、看了什麼電影啊……」

明年我也要維持這個習慣。

我把可能會拖到下個月的事情全都標註在便條紙上，這一招十分有用，到了月底，只要順手將便條紙撕下來，輕輕貼在下個月的內頁上，尚未完成的事情就能順利延續到下個月。

例如標註「集資型養老金」和「百貨公司儲值會員」的便條紙，我就會從七月起每個月一路延續貼到十二月，做不做是一回事，總比忘記來得好；此外，我也會精挑細選幾個還沒辦法實現的想法，貼到明年的手帳裡。

二〇一七年初，我在手帳的筆記跨頁裡寫下了二〇一六年的回顧與二〇一七年的展望。回顧過去一年，有些目標達成了，但也有些缺點依舊沒改進。

二〇一七年寫下的目標是充實自己的內在，例如健康、文化素養等等。文化素養方面雖然絲毫沒有長進，但值得慶幸的是健健康康度過一年；好歹達成一半目標，很厲害了。

……轉眼也寫了兩年。二〇一八年，這回換了功能與MOLESKINE差不多，但是每個月的日期方格裡有一小段直線的LEUCHTTURM手帳伴我度過一年；這款手帳不差，但也稱不上最好。

經過仔細考慮的結果，二〇一九年還是回到KOKUYO手帳的懷抱，對我來

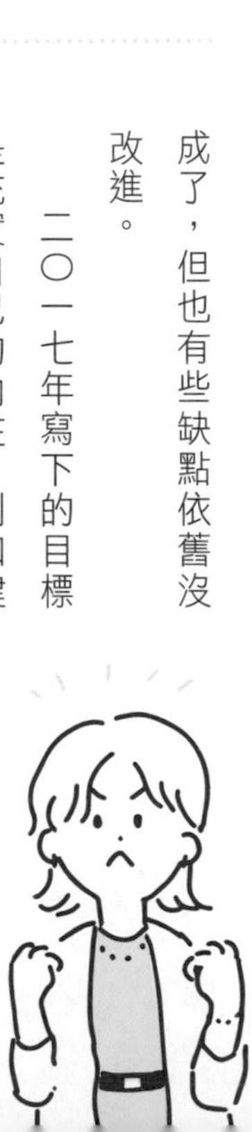

說，還是這一款最好用。

因為我還是改不了虛榮的性子，於是選了橘色的 Olivetti 皮套保護手帳。KOKUYO 月計畫手帳唯一一個算是缺點的地方，就是封皮很軟；不過，多虧有皮套，這個問題也解決了，我心目中的完美手帳，就此誕生。

話說回來，為了心目中的手帳尋尋覓覓了好幾年，我因此有了深刻的體悟。我常說「心目中的〇〇」，而所謂的「心目中」，追根究底便是符合自己心意的，也就是只顧自己的感受。所以我決定，絕對不可以把「心目中的〇〇」裡的〇〇套用在有生命的東西上，例如男友、上司、父母、寵物等等。

我在談論「心目中的〇〇」時，完全沒有考慮到對方。你會這樣嗎？

悲哀的源頭

穿過住宅區的空地上，搭起一座火紅帳棚，一大批親子檔從出口湧出，頓時塵土飛揚。好熱，氣溫少說也超過三十度，我睽違幾十年，再次來看馬戲團表演。

小時候，看馬戲團表演的興奮雀躍，總是伴隨著一股悲哀，我說的不是絢麗豪華的太陽馬戲團（CIRQUE DU SOLEIL），而是昭和時代的馬戲團。走出帳棚那一刻所感受到的厭倦與愧疚，與前往遊樂園或游泳池玩過後的疲累中帶點甜蜜的感傷，明顯是兩回事。

昏暗的帳棚裡，朦朧的聚光燈照射著特技演員；經過裝扮的動物表演雜技；舉止滑稽笨拙的小丑，他們永遠都在逗觀眾開懷大笑、心驚膽戰，娛樂效果十足。然而，當他們退至舞台側幕，我心裡也悄悄蒙上了悲哀的面紗。

為什麼會覺得馬戲團很悲哀呢？我想是因為當時年紀還小，沒有能力細品寂寥這種情緒吧。「我們有最頂級的悲哀喔！」我從來沒看過哪個馬戲團會強

調這一點，對馬戲團來說，他們也不覺得這是個賣點吧。這種情緒，究竟從何而來？

如今我長大成人了，可以好好弄清楚這股悲哀的真面目了，甚至可以慢慢欣賞它的輪廓。懷著沒來由的期待，我靜靜地等候開演。

不知從哪兒冒出來的男小丑和女小丑，揭開了馬戲團的序幕。小丑們在圓形舞台中央逗趣表演著，坐在後面的小孩子一看到他們立刻哇哇大哭。我懂，小丑確實有趣，但是也很嚇人啊。

馬戲團的表演節目，從小時候到現在都沒什麼變吶。數名女舞者用帳棚頂端垂下來的五顏六色布條捲住身體，在空中靈巧舞動；用盡全身力量，轉動數十個呼拉圈的纖瘦異國女郎；三部摩托車在巨大的球形鐵籠裡，以毫髮距離交錯狂飆；馴獸師隨心所欲操控著九隻體型壯碩如牛的白獅子，但只要出了一點差池，就會一命嗚呼吧，即使在觀眾席，也能看得見馴獸師正微微滲汗。

空中鞦韆底下雖然設有安全網，但特技演員身上沒有安全索；他們不僅不容許自己在觀眾面前失敗，也得確保自己還能活到明天。

自有記憶以來，馬戲團給我的深刻印象，就是與死亡為伍的娛樂。小時候看得提心吊膽，大概是因為稍微能理解他們正冒著生命危險吧；之所以感到愧

疚，也是困惑著自己到底應不應該享受這種賣命的娛樂活動？

當雜技演員在空中露一手驚險表演，地面上已經在準備下一個節目。這時默默調整舞台設備的，便是才剛上場表演特技的團員們，他們既是幕前表演人員，也是幕後工作人員，從中可以看出團員之間信任與責任相倚的情誼；中場休息時間，前面提到的小丑便出來緩和氣氛。

馬戲團是時常遷徙的，不會在一個地方久留，為了將歡樂帶給更多沒看過表演的觀眾，他們在各地巡迴演出維生。年幼的我，是否知道當夢醒時分，自己再也不會見到他們呢？

長大之後，我感受到的悲哀，與小時候感受到的並不一樣，我是為自己感到無比悲哀。

為了一生僅有一次的相遇，團員們日夜鑽研技藝、堅持走上為了藝術而搏命演出的旅程，看起來如此瀟灑、孤獨、自由，轉瞬無常；他們的每一天，活得比我更豐富精彩，遠遠超越凡事以穩定與安全為優先、長期背負無謂的重擔、什麼也拋不開放不下、只會嘀咕滿腹牢騷的我。

長久以來得以平安度日，一樣有價值；在日常生活中摸索小小幸福的我，又有誰會取笑呢？不過，這依然算是一種「悲哀」吧？

曾幾何時，纏在腰上的安全索，比我本身的重量還要沉重，我再也無法解開它了吧？

我托著腮，看著在空中飛舞的他們，不禁心想：「要是能像他們那樣活著，該有多好。」

父親的養生之道

今年七月沒能見到父親。以往父親和我每個月一定會去護國寺掃墓一次，更何況今年七月是東京的中元節，自從母親過世後，我們從來沒有缺席中元節的掃墓。

為什麼沒能見到父親呢？因為天氣太熱了，墓地很少有樹蔭，我擔心高齡八十的父親會因此中暑。連日酷熱難當，若是讓父親從家裡走到車站，感覺會要他的命吧。對於喜歡出門蹓躂的父親來說，這麼做也許殘忍，但我仍是苦勸：

「今年夏天，除非必要或緊急情況，最好避免外出啦。」

我記得二〇一〇年的夏天，好像也是時隔三十年的酷暑；不過，那時候我還不必擔憂父親的性命，他當時還與我一起住在老家，也還能開車，最重要的是，那時比現在年輕八歲。

如今過了八年，從老家坐車十分鐘距離的護國寺依舊矗立在那裡，但是老家已經歸別人所有，現在父親必須花四十五分鐘才能抵達護國寺。拿成立於

元祿時期、捱過關東大地震與上一次世界大戰的護國寺和自家相比，未免不知天高地厚，但總覺得有點鬱悶；護國寺始終屹立不搖，我的家卻不在那了。

到了八月，平時雖然有用LINE和電話與父親聯繫，但是一陣子沒見到他，心裡仍是不踏實。

當我接父親去吃涮涮鍋名店「木曾路」，卻發現他的臉龐和身體瘦了一圈。最後一次見到他是在一個半月之前，這段期間到底發生了什麼事？生病了？如果本人沒發覺自己變瘦了，貿然詢問可能會傷了他的心，還是謹慎一點。

踏進店裡，父女倆稍微聊了一下，點完餐後，我找到適當時機，問父親是不是中了暑，結果父親一臉得意地搖搖頭。正想繼續問怎麼會變瘦，一身和服裝扮的服務生在此時端來肉品，並將肉片在快要沸騰的高湯裡涮了涮。

父親看著霜降肉片在清澈的鍋裡涮著，說：

「我啊，最近為了身體健康，每一口嚼了五十下才吞進去喔。」

我聽過有人嚼三十下的，嚼五十下未免太多了吧？我很想問他為什麼開始這樣做，可是父親把服務生夾給他的肉片輕輕放進嘴裡，便一直嚼個不停，老半天還沒吞下去，我想問也不能問。等父親嚼完那一口，我已經吃光三片肉了。

心裡正想著父親會沒完沒了地嚼下

去，他老人家總算心滿意足地吞下去，慢悠悠地開了口：「自從多嚼幾下再吞下去，胃脹氣和胃痛的毛病都好了，身體好得不得了！」他還說，肚子那圈贅肉全消了，現在最喜歡洗完澡後欣賞自己的身材。

這什麼跟什麼嘛，又不是高中女生。體重老是減不下來的我，不禁有些嫉妒。父親的眼神告訴我，他就是一直嚼個不停才不會多吃，我瘦不下來就是因為沒有多嚼幾下，真令人火冒三丈。

父親的一口五十下的咀嚼方式，是一種不適合社交的健康法，要是跟人家聚餐，父親幾乎所有時間都花在咀嚼上；也就是說，沉默不語。既然如此，我也來試試看，但實在很難把嘴裡的食物撐到足足嚼滿五十下……父親端出前輩的架子說：「習慣就好，要習慣啦。」

喉嚨裡頭應該沒有味蕾，不過，嚼了太多次之後，根本吃不出食物的滋味。像我嚼幾下就能立刻吞下去，也許還算年輕吧。

chapter 4

大人一樣會受傷

無緣無故遇到衰事而心情不爽時，
大人一樣會受到驚嚇而心靈受創。
大人身上其實還留著小時候的影子，
有時候也希望有人來安撫、
拍拍背脊好好疼惜。

空腹的樣式

人到中年後，愈來愈難以掌握空腹的樣式。跟同年齡的比起來，我算是食欲旺盛的人，可是已不再像以前那樣「什麼都能吃」了。

年輕時，一下子就知道什麼食物可以滿足視覺與味覺，只要是高熱量、高脂、高碳水化合物，全都來者不拒，吃下肚後，立刻能滿足眼睛、嘴巴與胃袋。

後來經過「眼睛看了想吃的食物，與胃袋能接受的食物不一樣」的時期，接著步入「不知道眼睛和嘴巴對什麼食物感興趣」的階段，這就是我目前的處境。

天氣又轉熱的九月初，出門在外，我卻餓得受不了。雖然是午餐時刻，可是懶得去餐廳吃飯吃肉吃魚；去超市買沙拉回來在工作場所吃，又顯得可憐兮兮。明明肚子很餓，卻不知道怎麼填滿肚子那一塊空白，就像想要完成拼圖，但是不知道空出來的位置是什麼樣式，所以沒辦法尋找與它對應的拼圖片。我

只好漫無目的地走進便利商店。

在店裡閒晃著，勉強來到冷凍櫃前……對了！有冰淇淋！正想吃點冰涼香甜的冰淇淋，我猛然想起一件事……

前幾天不是才因為熱到受不了而拚命吃冰淇淋，結果一直跑廁所嗎？明明去年夏天吃了一堆冰淇淋也沒事啊，這還是頭一遭，讓我深受打擊，我想應該是太累了吧。

不過，一旦有了「想吃冰淇淋」的念頭，便擺脱不了這股欲望；即使非常明白腸胃有可能受不了，但整個腦袋全是香草冰淇淋在口中融化的樣子。

我絕不允許重蹈覆轍。我像一頭物色獵物的狼，在冷凍櫃周圍繞來繞去，逐一檢視每樣商品，根據包裝盒的圖片與過往的記憶推測口感、味道與分量，再利用大腦蒐集到的資訊，模擬商品進入嘴裡與胃袋的感覺。這個巧克力太濃、這個分量太多；符合空腹樣式的商品，到底是哪個啊！

往旁邊一瞧，有個小學生跟我一樣快要舔上去似的物色冰淇淋。他應該只能買一個吧？我錢包裡的錢足夠買十個甚至二十個，但是不必擔心腸胃問題的他，顯然比我更從容。

站在那裡選了差不多五分鐘，回過神來，小學生已經不在那了，想必找到了自己最愛吃的一款吧。我也做好了心理準備，拿起一個低乳脂冰淇淋，那是

口感甘爽滑順的透心涼冰沙，商品叫做「酷立吸」（Coolish）。而且不必一次全部吃完，簡直是最佳選擇！

結完帳後，我連忙趕回工作場所，回到座位時，正好融得恰到好處。隨即扭開蓋子，慢悠悠地啜飲香草冰沙，冷得剛剛好，甜度剛剛好，軟硬度也剛剛好的物體，經由喉嚨滑進胃袋，逐漸填滿空肚子。

謝天謝地啊！雖然有點誇張，但我的心情就是如此。這冰沙太符合空腹的樣式了，我總算完成了拼圖，後來也沒有肚子痛，心情愉快地度過一天。

我不禁懷念起想買愛吃的食物、錢卻不夠的時代；也很懷念隨心所欲想吃就吃的時代。意思是說，好景不常嗎？

我還能享受多少個啜飲酷立吸的夏末時節呢？

雖説是「一輩子」

氣象預報員在廣播電台説：「這個週末的好天氣非常適合換季清衣櫃。」可是，我的衣櫃還是跟星期五一樣原封不動，就這樣迎來星期一，都怪星期六與星期日悶熱得超乎預期。

我有把衣服到處亂收的壞毛病，有的在紙箱、有的在壁櫥、有的在床底下，收納處五花八門。只要打開這些收納處，一定可以翻出一些衣服，但是在悶熱的日子做這種事，只會讓我汗流浹背又弄髒衣服。呃，這不過是藉口吧？

我在意的是，完全想不起來去年此時穿了什麼衣服。不知道是不是因為十月初是夏裝與冬裝的過渡期呢？還是我的腦筋開始退化了？

我打開智慧型手機的相片資料夾，翻看去年的照片。原來如此，我明白了。去年，我把許多秋季服飾送人、拿去回收或扔掉了，照片裡的衣服，早已不在身邊。

扔掉的衣服全是足以扔棄的狀態，例如穿了好幾年、布料已經變薄，或者上面有一大塊去不掉的污漬。送人的衣

服雖然還能穿，但已經不太符合現在的年齡，就算送人也不會心疼。

那麼，今年秋天，我要穿什麼呢？要買什麼呢？就心情來說，我想買廉價的快時尚品牌就好。好幾家快時尚品牌的店面都會設置舊衣回收箱，隨時能拿舊衣服去回收，尤其是Uniqlo的店面，只要將「還能穿但不想穿的Uniqlo服飾」投進回收箱，一定能送到需要的人手中，相當難能可貴；即使只穿一季就膩了，多少也能減輕內疚之感。

然而，有一點也讓我很猶豫——我年紀也老大不小了吧？照理說，這個年紀應該張羅一些可以穿很久、品質也不錯的衣服吧？

例如風衣、喀什米爾毛衣、皮鞋等等……應該珍惜地穿著經得起十年、二十年考驗的經典款式。我不是沒有嚮往過那種人生，應該說，我小時候就有個觀念，那樣才算是成熟的大人。

與此同時，我也十分清楚物品的壽命比人類長得多。愛時髦的母親以六十四歲之齡早逝後，面對她遺留下來的為數眾多「能穿一輩子」的服飾，我不知該如何是好。

如今母親已過世二十年以上，一些遺物雖然已分贈親戚與朋友，但是還有一些大衣、夾克、鞋子，至今仍塵封在我家的箱子裡；回憶固然令人不捨，但是最令我難受的是捨不得扔掉的那份心

情。每一件衣服都不合我的尺寸，款式也相當過時，實在束手無策。

尋找的喜悅、發現的喜悅、購物的喜悅、使用的喜悅，物品本身伴隨各種喜悅；擁有一件物品之前先考慮捨棄物品時的心理壓力，絕對是愚蠢的一件事，但只要手邊還留著母親的「無價遺產」，我心裡便始終存著一個願望——一定要在臨死前將它們全部處理完畢。

對於膝下無子的我來說，雖然無法想像最後在身邊的人會是誰，即使留下了東西，我寧可臨死之前身邊留下的是「這些只能扔了」的東西，扔掉時不會有半點捨不得。

我平時就這樣穿戴廉價的衣服、鞋子及包包。有一天，因為工作的關係，我必須與長官在正式場合見面；心想著穿休閒鞋未免太失禮，於是在鞋櫃翻找，發現一雙母親生前買給我的費拉格慕（Salvatore Ferragamo）漆皮鞋，我應該超過十年沒穿了。

久違的費拉格慕，果然非常合腳，穿上去一點都不會累。因為鞋跟有些磨損，便拿去赤坂的「MISTER MINIT」修理，一下子就修好了。

「下次最好更換一下鞋底喔，畢竟這是能穿一輩子的好鞋子，要好好愛惜喔。」大叔店員將修理好的鞋子交給我，微笑著對我說。

穿著緊繃的喪服

前幾天，臨時去守夜。因為學生時期有位很關照我的前輩的母親過世了。

最近收到的訃聞比紅色炸彈還多，不禁令人感慨，不管願不願意，人生確實已來到折返點。這道訃聞來得非常突然，既然如此，隨時做好萬全準備，才是處在人生折返點時應有的態度；然而，這不表示只要來到折返點，就能自動成為像樣的大人，現實就是如此殘酷。

前一天晚上，我拿出許久未穿的喪服，心情頓時低落；隨後將衣服從頭頂往下套，高高舉起雙手，惡夢果然成真，一顆心在黑暗中跌入谷底。

喪服卡在手臂，拉也拉不下來。

二十多年前買來這套喪服參加母親的葬禮，是連衣裙搭配黑色外套的套裝；當時心想不分季節都能穿，於是買了品質較好的款式；由於過去不太常穿，所以沒有綻線或布料磨損的情況。

當年雖然買了合身的尺寸，可是我後來反反覆覆變胖又變瘦，曾經穿起來寬寬鬆鬆地去參加葬禮，也曾經繃得快

要撐破，而這次則是史無前例的緊繃。

生性懶散的我，總是在前一天晚上才驚覺大事不妙，眼前的情況甚至連臨時抱佛腳都救不了，這下該怎麼辦？

今年的秋老虎使天氣比往年還要熱，即使房間裡開著冷氣，我依然大汗淋漓。戴著眼鏡試穿了好幾次，卻因為鏡片上沾滿臉上的皮脂，使得眼前一片模糊。

頭髮亂七八糟、身體扭來扭去，費了一番功夫才把肉塊塞進喪服裡，簡直就像掙脫衣服的倒轉影片。站在鏡子前一看，發現臀部周圍緊繃得快裂開了，實在慘不忍睹。

就在我彎腰的那一瞬間，縫在洋裝上的腰帶突然有一顆鈕釦迸飛。我就知道。我急忙脫下喪服、穿著內衣尋找鈕釦，但是翻來找去還是不見蹤影，彷彿一溜煙被吸進四次元口袋裡。

迫於無奈，我只好把原本要用鈕釦固定的地方縫起來，接著準備好念珠、方綢巾和奠儀，當晚就去睡了。

隔天，守夜當日，我想起自己沒有黑色薄絲襪，於是匆忙跑去便利商店買，但不知是否季節性的商品，每一間店的架上都只有黑色厚褲襪，而且還經過「發熱保暖」的工序，在今天超過二十五度的氣溫下，穿上去簡直是酷刑。然而，我已經顧不了那麼多了。

回到工作場所，正打算換上喪服，

赫然發現昨天因為把腰帶縫合起來，結果現在沒辦法將衣服穿上去。這麼說來，那個鈕釦是穿好之後才要扣的吧。

我又滿頭大汗了，辦公室裡只剩下我一個人，根本不可能穿好衣服再縫起來。心慌意亂之餘，我先將縫線拆開，衣服穿好後，再找個不顯眼的地方用釘書機將腰帶固定好。年紀老大不小了，還做這等蠢事，已過世的母親可能會氣到變成妖怪跑出來吧。

來到靈堂，正在舉行莊嚴的守夜儀式；透過遺照，我第一次見到前輩母親的容顏，是一位有著美麗笑容的女士。

前輩當年跟我母親並不熟，依然趕來參加守夜，即使沒有特別說些什麼，他能來我就很感激了；這麼說也許不得體，但感覺自己終於能回報這份情誼了。

一直穿著緊繃的喪服實在太難受，所以我悄悄去車站的廁所換回平時的衣服；接下來嘛，該決定到底要瘦身還是買新衣服了。

正好適合四十世代的褲子

自懂事以來，母親的口頭禪便是「不要讓肚子著涼」。我還記得當時不但要穿能蓋住肚臍的褲子，睡覺時也一定要套上棉質的肚圍；冬天外出時，母親總要我在褲襪外面再穿一件毛褲。

這種堅持保暖防寒的結果，使我長大之後，只要感覺肚子有一絲涼意，立刻覺得焦慮不安。即便到了十幾歲（對於褲子有諸多意見的年紀），我還是不敢穿褲腰在肚臍以下的比基尼三角褲，更別說露臍裝（聽起來怎麼那麼落伍！）或低腰牛仔褲了，簡直不可理喻。

總之，只要肚子周圍太通風，我就渾身不對勁；對腹部過度保護的措施，如今使我的肚子無比嬌弱。

首先向各位說聲抱歉，以下所介紹的是非常無關緊要的資訊——即使年過四十，我依然愛穿能夠確實覆蓋肚臍的褲子。從初冬到春天，我都會穿著毛褲與肚圍合為一體的褲子，俗稱「護肚褲」。

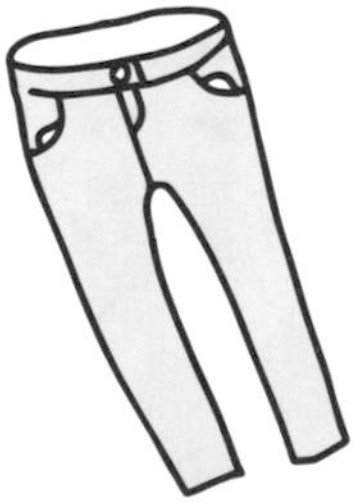

雖然有人對我說：「都中年了，好

歹用一下束腹吧。」可是我實在受不了把身體勒得緊緊的；既不喜歡太通風，又不喜歡太緊繃，連我都覺得這副身體有夠任性。

截至去年為止，我都是穿某個大型購物網站買來的，明顯是給年輕人穿的粉彩橫條紋護肚褲。反正外面看不到，無所謂啦。

不過，初春的時候穿會有點熱。我心想，至少會一直穿到四月中旬吧？於是著手購買較薄的款式。除了我以外，護肚褲的愛用者似乎還不少，光看購物網站的圖片，感覺每年都會增加款式。

然而，有一件事讓我如鯁在喉——商品的款式只分成老人用和少女用，完全沒有考慮到中間的族群。不是邊緣綴有寬邊蕾絲、樣式老氣的米色款，就是印有小貓小狗圖案的可愛俏麗款；沒有其他任何選項，只有一片無邊無際的荒野。去實體店面選購的話，也許會找到適合的款式，但就是懶得特地出門買。

瀏覽網頁時，發現一款沒有多餘裝飾、款式典雅的淺紫色護肚褲。沒錯，這就是我想要的！看了價格，不含稅的話，一件要價一千八百日圓多一點，含稅的話，就超過兩千日圓了；就一件護肚褲來說，未免太貴了，我想盡量找價格落在一千五百日圓左右的款式。接著繼續尋找，可是都沒找到打動我的商品。

我只考慮到自己，所以才會這麼想。

但不管怎麼說，我還是覺得「正好適合」當前四十世代的商品實在太少了。

十年前的四十世代應該更富有一些，我覺得他們對生活的堅持，在於「隨著年齡增長而提升生活水準」。

可是，現在的四十世代，已經了解可以合理的價格，購買足以應付生活所需的物品。有的人再怎麼大肆宣傳自己過著「身邊滿是高級精品的精緻生活」，沒事還是會去百元商店逛逛。尤其是像我這樣一晃眼就年過四十的單身者。

最後，我決定好好利用大創（DAISO）圖案很孩子氣的護肚褲。不含稅才兩百日圓。不知道是不是便宜的關係，布料較薄，正合我意；即使穿了一季就扔掉，也不會有任何罪惡感吧。

當我正為自己的精打細算感到得意，但，這是我過去所想像的四十世代嗎？我只能默然搖頭。

但願從事製造業的所有人能明白，除了小女生和老年人以外，中間還有一大群人，正尋覓心儀物品的新世代中年婦女，仍在引頸期盼，有一天能滿心雀躍地掏出錢包買下價格實惠的優質商品。

唉，年中例行活動

拜萬聖節與惠方卷*所賜，感覺年中例行活動一下子增多了。特別是秋天以後，更是令人手忙腳亂。

八月才剛結束，商店就開始炒熱買氣：「今年萬聖節就要這樣過」；萬聖節一結束，整座城市轉眼換上聖誕布置；緊接著，自十二月二十六日起便開始慫恿：「來吧！迎戰新年吧！」結束了擺放門松賀新春的期間，正月七日剛喝完七草粥，超市已經擺出了「惠方卷預購開跑！」的旗幟；一眨眼，又是情人節；因個人情況而異，期間還有十一月的七五三*或一月的成人禮等活動，簡直是排山倒海而來。到了二月下旬，例行活動旺季總算告一段落，應該有不少人鬆了一口氣吧。

三月以後雖然沒什麼活動，但是有孩子或孫子的人，還是得繼續慶祝節慶；女兒節、畢業典禮、開學典禮、端午節等等，例行活動一個接一個來報到。啊，我們這些未婚軍團還有賞花這個活動吶。

零售業者炒熱買氣之心依然未減，聽說他們有意把感恩節和復活節引進日本，要是真的蔚為風氣，誰受得了啊。這樣一來，每家每戶都得有倉庫存放這些節慶用品才行。有人說，你不要湊熱鬧不就好嗎?可是，我也有貪心的一面，不跟一下流行就覺得自己虧到了。說到萬聖節，即使已年過四十，我還是很想在頭上戴點什麼東西。

隨著外來種的例行活動一個接一個引進，最不可撼動的依舊是正月新年，今年也是如此。

至於其他活動，城市多少會替人們營造節慶的氣氛，我們只須花錢了事；就像萬聖節的變裝道具和聖誕節的蛋糕，即使沒錢，走在街上一樣能感受氣氛。

另一方面，正月新年無論如何都得由自己親身參與。

新年活動不是過完元旦就沒事了，為了讓自己切身感受到新年與舊年交接，從年底就得分頭進行各項準備工作，例如大掃除、張羅年菜、寫賀年卡、吃

＊惠方卷，不能切斷的長條壽司捲。是一種日本傳統習俗，在立春的前一天（每年二月三日）朝吉利方位默默吃長條壽司捲，保佑整年健康平安。

＊七五三，日本神道教的傳統習俗。自江戶時代起，日本的小孩長到三歲、五歲、七歲時，父母會在十一月十五日（明治維新前是在農曆十一月十五日）帶他們到神社參拜，希望孩子能健康成長。

跨年蕎麥麵……個人覺得是CP值相當低的例行活動。

什麼都不做就會令人渾身不對勁的，也是正月新年。或許是成長環境使然，讓我有這種感覺。因為母親會從頭到尾親手做年菜，大掃除也打掃得十分徹底；告訴我新年飾品不能「一夜飾*」的，也是母親；儘管這一切相當繁瑣，但是照做就對了，沒有比這更有淨化作用的例行活動了。

長大後，我不再像從前那樣大費周章迎新年了；結果，還沒有切身感受到新舊年交接，新的一年便開始，那種感覺彷佛自己好幾天沒洗澡似的。忙得團團轉之餘，也只能吃著磯邊卷*，明知這樣也感受不到正月新年的氣氛，一股寂寞不禁湧上心頭。自從年過三十五歲，每當錯過迎接新年，便覺得自己又搞砸了。

今年的新年參拜結束後，我在回程途中去百貨公司採買正月應景的食物。因為只是要在桌上擺好看的，稱不上是「年菜」的水準，但多少可沉醉在迎新年的氣氛中；畢竟我可是工作到除夕當晚十一點半，能做到這樣已經很不錯了。

我也不必擔心「一夜飾」的情況，因為跟我同一層的大樓住戶全是老年人，家家戶戶門口都擺著新年飾品；雖然我跟每一戶僅是點頭之交，但是一下子多了幾分親切感。

每個季節的例行活動，除了累，還

是累；儘管嘴上這麼說，想到季節轉換愈來愈不明顯，不免感到憂心。氣候每年都在變化，如果沒有季節性的節慶，也許無法讓人切身感受到四季變遷吧。

我一直認為按照例行活動迎接季節來臨，是老太婆才會做的事；可是當自己也快要變成老太婆，便覺得這些活動很好玩。雖然感到不可思議，卻也發現自己正滿心期待梅花綻放。

＊一夜飾，指十二月三十一日才擺設門松等飾品。因為隔天就是新年，只擺放一天，對神明來說略顯誠意不足。

＊磯邊卷（磯辺巻き），烤年糕沾醬油並裹上海苔的日式點心。

希望有人對我說「沒事了」

我騎著剛買來的電動輔助自行車，結結實實摔了一跤。幸好沒有造成嚴重的「傷害」，但是膝蓋擦傷，留下青黑色瘀青。

電動輔助自行車……名稱太長了。以下簡稱電輔車。

還沒買電輔車之前，我老是被前後雙載小孩子的同年齡層女性騎車趕過；不禁垂頭喪氣，我明明只載自己一個人，怎麼還那麼沒用？莫非她們騎的是電輔車？行進得如此不費吹灰之力，當然會追過我。

由於我沒有機車和汽車的駕照，電輔車就是轉換心情的最佳交通工具，去遠一點的地方，也不會累到氣喘吁吁。夠快速、夠輕鬆，所以很享受。我可以開開心心地一直騎到屁股發疼為止；而我往往會在這時候樂極生悲。

那一天，我騎電輔車去銀座玩，正在回家的路上；俗話說得好：「到家以前都算是在遠足」。本來想順道去逛一下離家二十公尺處的便利商店，哪知

才剛騎上路肩，車輪就打滑，我的左肩「砰！」地摔在人行道上，同時「扣！」地撞到頭，所幸當時戴著厚實的毛帽，總算逃過一劫。

騎在前方的男友先生，趕來關心倒地不起的我，他扶起電輔車後只問了一句：「沒事吧？」我也僅回答：「沒事。」

來往的行人，似看非看地往這裡瞧；一身狼狽又難堪的我，方才的愉快心情一下子煙消雲散。我一時之間無法站起身來，並不是因為疼痛的關係，我知道要過一會兒才會感到疼痛。

用一句話來形容跌了狗吃屎的我，就是「不爽」。摔倒，確實是自己不小心；可是，一股近似憤怒的情緒，莫名湧上心頭，這股無處宣洩的情緒，讓我愈來愈煩躁。

這當然不是我第一次從自行車上摔下來，小時候就摔了好幾次；但是，長大後從來沒像現在這樣摔得那麼慘，頂多在走路時絆倒而已。

突然摔倒時，尷尬難堪比身體疼痛更難忍受，因此，通常會裝作若無其事，勉強擠出一絲苦笑，立刻離開事發現場。然而，我今晚連這一點都做不到。

這種比尷尬難堪更能支配我的情緒到底是什麼？當天晚上，我躺在床上，一直在心裡摸索這股難以言喻的情緒。

隔天早上，心情回復如常的我，總

算恍然大悟──那種情緒就叫做「受到驚嚇而心靈受創」。當自己得意洋洋地騎電輔車，卻摔下來跌個狗吃屎，興高采烈的玻璃心頓時摔碎了一地，驚嚇所造成的傷害遠遠超出我的想像，由於久久無法釋懷，才會使我那麼不爽。如果我還是小孩子，肯定嚎啕大哭吧。

長大成人後，討厭的事情數也數不清，可是，從來沒遇到身體與心靈同時遭受驚嚇的事情。所以我忘了遇到這種情況應該如何處置，也忘了希望別人怎麼幫我。

也許，我只希望有人能過來說一聲：「嚇到了吧？沒事了。」這句話雖然是用來哄小孩的，對大人同樣有效。

無緣無故遇到衰事而心情不爽時，大人一樣會受到驚嚇而心靈受創；只不過，一般人認為大人頂多受到驚嚇，不至於到心靈受創的地步，所以也只能心情不爽了。

大人身上其實還留著小時候的影子，有時候也希望有人來安撫、拍拍背脊好好疼惜。

藥妝店大採購

愈是疲憊，愈想做一些令人側目的蠢事。

這一次，我決定一個人做蠢事。因為工作太繁忙，我的身心都已經枯竭了，甚至沒那個精力找個同夥。

我現在在惠比壽。嗯，來做點什麼吧。現在的我，需要的不是療癒，而是發洩。

試試看一個人唱卡拉OK吧？不行，會影響明天的工作。

去棒球打擊場？那會讓我更累，何況這附近也沒有那種設施。

大手筆買高檔貨？可是我今天的打扮，看起來有夠寒酸。

邊走邊想之餘，突然想起洗完頭後，抹在頭髮上不必洗掉的護髮素用完了；我不禁痛恨自己的腦袋，永遠只想到要補充欠缺的生活必需品，就是想不出半點消愁解悶的點子。

剛好車站前有一間大型藥妝店。踏進店裡，詢問了商品的位置，店員便帶我來到陳列了數十種商品的大型貨架。

我始終找不到平時常用的那一款，況且要在這麼多商品裡挑出一樣，實在太麻煩了。就在意志消沉之餘，我突然靈光一閃，對了！這回就在這裡做蠢事吧，藥妝店正是亂花錢的好地方。

如果我是高中女生，也許會馬上用智慧型手機上網查一下口碑或雜誌上的評價，並在有限的預算中挑選最佳商品；然而，我可是堂堂中年人，值得慶幸的是，我的預算保證比高中女生還多。

我直挺挺地站在貨架前，拿起最邊邊的商品。有的添加摩洛哥堅果油，有的是美容院專售（那到底為什麼會擺在藥妝店啊），有的款式標榜天然無矽靈，每一款無不極力宣傳自己就是「擁有獨一無二魅力的商品」。

翻看商品背後所有成分標示，發現每一款都大同小異。雖然沒有什麼所謂的夢幻商品，不過，成分標示中的矽靈含量較多的話，髮絲摸起來較滑順；添加礦物油或摩洛哥堅果油的，因為含較多油分，髮絲會滋潤好整理；標榜天然派的又是如何呢？我對每一款都有興趣，分別挑了三款含矽靈的、添加摩洛哥堅果油的、不含矽靈的放進購物籃。

如果認為我會就此罷手，那就大錯特錯，可別太小看大人做蠢事的能力啊。

以粉色精緻容器吸引年輕人的商品，我雖然喜歡它的香味，可是太過強調潤澤感。我記得以前看過一本書寫

著：一頭光潤得不自然的頭髮，與中年變得柔軟（也就是沒彈性）的肌膚非常不相稱。既然如此，還是放棄吧。

不，我不能放棄。因為，今天的主旨就是做蠢事，失敗也無所謂，所以我還把它扔進購物籃裡。

我還把不知名品牌的商品，或者知道名稱但有點貴而不敢買的商品，通通放進購物籃。全部大概將近一萬日圓吧？肯定要花一年才能用光。我不禁為自己的愚蠢忐忑不安。

平時的我，極度恐懼別人覺得我是個笨蛋，所以會繃緊神經，盡量做出明智的選擇。我真是太遜了，會在意這種事情才是真的蠢；儘管愚蠢，我也知道自己改不過來。既然如此，就趁現在蠢一回吧。

用力拔掉腦袋裡的制動器，不必在乎浪費或損失的選購行為，帶給我超乎想像的快感。那一個、這一個，全部ＯＫ。唯獨今天不需要比較與評估。我非常清楚，沉悶的心情慢慢開朗起來。

隔天，我家的洗臉台上供著六款不必洗掉的護髮素。我配合天氣與頭髮狀況輪流更換，用得不亦樂乎。

我也因此改善了髮質，愚蠢萬歲！

大腦記憶體與智慧型手機

我的智慧型手機變得很慢，開啟每一個應用程式都要花不少時間，雖然只等了幾十秒，卻感覺度秒如年，令人無比煩躁。

問了熟悉手機的人，他說可能是記憶體容量不足，隨即幫我操作，進入「設定」介面，打開儲存資料夾之類的東西。我從來沒打開過這些東西啊，哎，這種感覺，有夠歐巴桑的，呵呵呵。

儲存在資料夾裡的圖片，竟然有八千多張。有自己拍的照片、朋友傳給我的圖片、螢幕截圖還有網路下載的圖片等等，似乎是這些圖片拖慢了手機的速度；話雖如此，八千多張也太多了吧。我這支手機已經用了四年左右，換算下來，一年就存了超過兩千張；也就是說，一天五張多一點。大致滑了一下，盡是些可有可無的照片，不過，全部刪了又覺得可惜。

聽說把圖片資料移到外接SD卡，可以讓手機速度變快一些，於是我頂著大太陽，前往澀谷的家電量販店；天氣

熱得我滿頭大汗。

原本想趁機換一支新手機，但是新款每一支都將近十萬日圓；這回倒是嚇出一身冷汗。

跟店員討論後，決定購買8G的Micro SD卡，其實我根本不了解它的容量到底有多大，不過，店員說這款就夠用了。正想試著安裝記憶卡，手機電池剛好沒電。詢問店員能不能讓我充電，他說要收費一百日圓，因為不想多花錢，我決定回家再試，就此踏上歸途。

回到家後，我立刻把智慧型手機接上充電器，想想不對，要裝SD卡應該先關掉電源，於是先關機，取下背面的外殼。結果卻發現充電池右上方，竟然孤零零躺著一片外接SD卡，牌子跟我剛剛買的一模一樣。

這片外接SD卡，原來一直都在那裡啊，我這四年來渾然不覺。仔細看那片約小拇指指甲大小的卡片，上頭寫著16G，容量是我剛剛買的兩倍，卻一直空空如也地躺在那裡。啊——我嘆了一大口氣，默默蓋上了外殼。

一般人眼中「本來就應該知道」的事，猶如一波又一波的浪潮向我襲來。截至今天為止，我都像衝浪一樣設法乘風破浪，然而，年過四十五歲，還是從衝浪板上跌落。我甚至經不起社會大風大浪的考

驗，「噗通」沉了下去，再也浮不上來。

我大可刪了可有可無的照片，或者在店裡花一百日圓充電，就能發現那片早已安裝好的SD卡。不對，不需要充電，我只要打開外殼就能發現。這樣一來，還能退款吧？明明什麼都不懂，卻堅持「刪掉太可惜了」、「花一百日圓太浪費了」，結果虧大了才後悔莫及。如今再也無法避免這類失誤，足以證明自己年紀大了。

上網查詢使用方法後，順利轉移了資料。再次瀏覽這些圖片，真的全是可有可無的照片。

雖然盡是微不足道的照片，但是看了一眼，迅速開啟了塵封的記憶，甚至連一小片段的回憶都湧出來，充分享受懷舊的樂趣。

那時候是不是自不量力開了家庭聚會、笨手笨腳地下廚啊？地瓜湯倒是評價不錯。

在俱樂部一起合照的這個人，最近都沒聯絡了，不知道過得好不好？

啊啊，當時種在陽台菜園的小番茄結了太多果實，讓我傷透腦筋吧？

跟那時候比起來，父親老多了啊。

呃，這件衣服收到哪去了？

這個髮型還不賴，再弄一次吧。

手機的圖片資料夾，就像我的外接SD卡吧？因為大腦的記憶體一下子就滿了，才會用照片記錄發生過的一切。

八千張照片裡，有五千張能勾起我的一絲回憶，不禁心想：「我的人生，其實也不差啊。」只要有智慧型手機，我隨時都能按下跑馬燈的開關。

門禁太森嚴

費盡千辛萬苦才將八千張照片移到16G外接SD卡的那支智慧型手機，終究撐不住了，只能買新手機了。

每次換新機，都因為智慧型手機的價格又上漲而心情沮喪，每一款的價格都昂貴得足以買一台普通的電腦。價格上漲的原因是附加了相機和繪圖板之類的功能，而我從來都沒有摸熟這些功能；感覺撥打電話的功能才是附加的吧？事實上，我另有一支智障型手機，因為智慧型手機的電池續航力太差。

令人沮喪的不光是價格，而是要把資料移到新手機時，還要重新輸入帳號與密碼，簡直太麻煩了，我哪可能記住那些字串啊。

星期六去了一趟附近的手機店。儘管天候不佳，店裡的顧客依然不少，等了一個半鐘頭，好不容易輪到我，聽完說明也付了款，店員笑咪咪地對我說：「接下來要轉移資料，請輸入您的帳號與密碼。」該來的還是來了。這是第一道關卡。

我瞎矇著輸入看看，跳出來的訊息顯示：帳號正確但密碼錯誤。試了好幾次，還是不行，這樣一來，我只能重新設定密碼了。可是，那裡也有一道關卡等著我。

想要設定新的密碼，就得從平時不常用的電子信箱收取郵件；但是，這回我忘了登入信箱的密碼是什麼。幾經波折，總算通過認證，得到了新密碼，我將它記在紙上以防萬一；心裡卻想：下次換新手機時，這張紙早就不知道扔到哪去了吧。

店裡的關卡順利解決了；然而，回到家後，真正的考驗才開始。音樂應用程式、社群媒體、購物網站等等，一個接一個催促我輸入帳號與密碼。

我把能想到的組合輸入進去，但每一個都沒用。帳戶記載的明明是我的個人資訊，卻得經過守衛的嚴格審查才能進入；要是像回答暗號「山！」「川！」那樣簡單就好了。

迫於無奈，我只好更改密碼，但這回又要我回答「安全提示問題」；強悍的守衛惡狠狠地瞪著我，說：「說出學生時代喜歡的歌手或樂團的名稱，否則不讓你通過。」

我輸入 BON JOVI，也輸入 Guns N' Roses，但還是無法順利解鎖，連 THE CHECKERS 都不行。這些全是我愛過的樂團，為什麼行不通呢？這不就表

示我在說謊嗎？守衛沒記錯嗎？

轉念一想，該不會是歌手吧？於是輸入中森明菜，結果自動選字坑了我，竟然輸入成中森明夫。想當然耳，解不了鎖。重新輸入中森明菜也不行。這時候，守衛開口：「你連續答錯問題太多次。由於行跡可疑，暫時無法登入你的帳戶。」說完便消失無蹤。敗給它了。

等了幾個小時，我跳過回答樂團的問題，總算用其他方式進入更改密碼的階段，這次跳出來的指示有點難，要求我混合使用大小寫英文字母與數字，設定幾個字元數以上的密碼。

我癱倒在床上。世上最令人感到空虛的，莫過於親自設定一組下次肯定會輸入錯誤的密碼。

有句話說「自由是伴隨著責任」；為方便的背後，也是如影隨形的密碼。為了防止個人資訊外洩而築起的城牆，實在太過高聳，我不禁想起與時代脱節的人常說的陳腔濫調：「為了方便而忍受不便。」不過，我從小就很散漫，常常因為不清楚哪一顆印章配哪一間銀行而傷透腦筋。看樣子，冰凍三尺，非一日之寒啊。

關於不敢買高檔錢包一事

使用多年的津森千里（TSUMORI CHISATO）錢包有些髒舊，不但有明顯的破損和綻線，附在拉鍊上的裝飾也脫落了。整體看起來頗寒酸，跟放假時的我沒兩樣。

將自己改頭換面並不容易，但錢包可以馬上換一個新的。不過因為我沒時間去店裡選購，便趁著工作空檔瞄一下購物網；我想要一個可以放掛號證、金融卡還有其他會員卡等大量卡片的長型錢包。

話雖如此，也不是把所有卡片都塞進去就好，那會使錢包變得臃腫又沉重，太難看了。

我打開目前使用的錢包，試著數了裡頭的卡片種類，有各類掛號證、保險證、按摩店會員卡，以及便利商店、超市、百貨公司的集點卡等等，總計超過三十張，難怪會把錢包撐破又綻線。下次要盡量換一個沒那麼多空間收納卡片的錢包才行。

問題在於錢包的價格。我到現在還是不清楚，收納金錢的錢包到底要多少

錢才合理？根據我的經驗，一個錢包通常使用五年之久，因此，希望它的價格可以讓我在這段期間大膽使用，折舊了也不會太心疼。現在使用的錢包不到兩萬日圓，所以我懷著感恩的心情，毫不猶豫地讓它退休。

實際上，我想要一個稍微貴但款式大方、使用愈久愈有韻味的皮革錢包；可惜的是，我找不到這種不同於男士款的女用皮革錢包。原本覺得還不錯的款式，一定會加上鑽石、貓咪或愛心等討喜的圖案。莫非一般認為錢包屬於包包或首飾那樣的時尚單品？

既然如此，乾脆找個猶如慶典般華麗的款式——那就只有津森千里才有了，但是津森卻宣布結束品牌業務（後續報導表示會以接單生產的方式持續營運），我真是四處碰壁啊。

什麼樣的人，就會選擇什麼樣的錢包。我們不會看到打扮保守的女人，拿著打開就會悉窣作響的魔鬼氈錢包；也不會看到渾身肌肉的男人，拿著淡粉色的小巧錢包。錢包猶如使用者的分身吧，而我長久以來，都無法替自己的分身抬高身價。

前幾天，朋友在結帳時從包包裡掏出了美麗的錢包。典雅的深茶色，並以裁成細長條的皮革仿效木片組合工藝的手法，編織成幾何圖案。我就是想找那樣的錢包啊！

問了她在哪裡買的，據說是某個品牌的錢包，要價高達六萬日圓。喔天啊，我的熱情當場被澆熄，一款比我錢包裡所有紙鈔加起來還要貴的錢包，實在買不下手。

錢包裡若有三位諭吉*，我就會變得很大方；但事實上，我的錢包裡常常只有兩位英世*。因為常用信用卡與電子貨幣付款，日常生活有這些現金也就夠了。

要價六萬日圓的錢包，裡頭只待了兩位英世，感覺很對不起錢包吶。如果錢包能撐個十年，也許還好；但實際上如前所述。

苦惱了許久，最後買了 COMME des GARCONS 的錢包。對我來說，已經很不錯了。雖說是 COMME des GARCONS，但實際上則是副牌 tricot COMME des GARCONS，因為我發現，它的設計跟正牌的經典款一樣，價格卻比正牌親民許多。

我很滿意自己的精打細算，忍不住向時尚教主前輩炫耀，他微笑地說：「選副牌，不愧是你的作風啊。」與時尚無緣的我，這輩子永遠都不了解那抹微笑的真正含意。

* 諭吉，福澤諭吉，日本近代啟蒙思想家。其頭像印製於一萬日圓紙幣上。
* 英世，野口英世，對醫學界有諸多貢獻的日本醫生。其頭像印製於一千日圓紙幣上。

早知道就多用功一點

「早知道年輕時就多用功一點！」我遇到的成年人，每個都這樣說，我也不例外，一樣是成天後悔莫及的傢伙。

以我來說，最感到後悔的是缺乏足夠的知識，而無法盡情感受事物的樂趣；這種情況，比年輕時候預想的還要多。欠缺的主要是文學、美術、世界史、語言學、地理等方面的知識，公民的素養也不太夠。這些全是學生時代有大把機會學習的。

學生時代的我，十分熱中「如何蹺課」。雖然不至於膽大包天到逃學或逃課，但是補習班的話，倒是以不被父母抓包的頻率持續蹺課。

父母受不了我的成績一直不見起色而請了家教老師。對於這些家教老師，我只想著怎麼分散她們的注意力；根據我的調查，基本上，只要問問戀愛方面的問題，就會讓她們掉進圈套。如果家教老師沒有男朋友，問問喜歡哪個類型，她也肯定招架不住。我就這樣和家教老師混時間，待在房間裡假裝寫作業，實

際上看漫畫看得入迷。

由於我盡量不讓成績掉到中下，所以也不算是不認真的問題學生。只不過，我的成績總是能低空飛過，大可說是找對了讀書方式吧。

為什麼我對求學的態度如此消極呢？或許是認為用功念書是不容分說、不得不做的一件事，所以放棄從中尋找樂趣吧。

當時也完全不明白，為什麼非用功念書不可？既然如此，就只能採取省電模式，以不超過底線為目標。在始終找不到誘因的情況下，只得痛苦地硬背那堆年號。

長大成人後經過漫長歲月，前幾天，我才在主持的廣播節目中了解「用功念書」與「學習」的不同。

根據三省堂的《新明解國語辭典》，用功的意思是「為了加深知識與見解，或取得特定資格，而掌握能力與技術」；學習指的是「透過按部就班的反覆學習，學會基礎知識」。換句話說，要先學習，才懂得用功。我說，各位老師，多希望你們先教我們這一點啊。

學生時代，我念書全是敷衍了事，嚴重輕忽學習，別說反覆學習了，我連按部就班學會基礎知識都沒做到。拜當年不懂事所賜，長大後不斷在後悔，終於切身學到了「用功」的重要性，真是諷刺啊。

在日常生活中思考人生也是一種學習，因此，我覺得自己的思考能力確實比十幾歲時有長進；但是要讓思維更深入的基礎能力，遠遠不夠。

基礎知識量一旦過於匱乏，即使遇到新事物，也沒有能力將記憶中的知識與它相連結，進而加深理解的層次。

我常常因為「應該知道」但我卻不懂的事情而鬧笑話。從地名的念法，到日本、外國的歷史，或是譽為經典的美術及文學作品、傳統藝能等等，我完全一無所知。雖說知識貴精不貴多，但講求專精之前，先要累積一定數量以上的知識。

到頭來，我的知識貯藏櫃裡空空如也，每當看見那塊虛無空間，更加深刻體會到人生確實需要一段努力記憶知識的時期。

當我認為事已至此、無可挽回，卻發現一篇報導指出：一般認為「記憶力會隨年齡增長而衰退」是錯誤的。

據說只要肯學習，不管幾歲都能學到新的知識。

姑且不論這是不是好消息，接下來就看我自己的決心吧。我應該高興才是，卻莫名感到灰心。

活著就好

我雖不至於一心求「死」，但曾經好幾次希望能像按下音響的「暫停」鍵一樣，暫時停止「生存」功能。

一帆風順的時候，從來不會想要按下「暫停」鍵。大多是在發生討厭的事情，或者難以接受煩悶的現實生活，以及自己意志消沉時，才會想要按下去；然而，找遍全身上下，都找不到這種按鍵。當然，也沒有所謂的「熱忱」鍵。

對我這個酒量極差的人來說，最接近「暫停」鍵的也許是睡覺。睡眠雖然有用，但有時也靠不住，因為一覺醒來，意識便不容分說地開始恢復。

醒來之後，討厭的記憶也跟著恢復，又開始了令人頹喪的一天。自行按下「播放」鍵的睡眠，以及照自己的意思決定重新開始的「暫停」鍵，兩者有異曲同工之妙——只能等待時間流逝。

就某種程度來說，時間是萬能的，隨著年齡增長，我不得不這麼想。我很感謝時間流逝的功效，就像遇到隨機傷人事件而莫名其妙受傷的人，時間久了，

傷痛也會開始癒合。

即使無法完全痊癒，即使內心深處想著「我不要忘記這道傷痛」，隨著時間流逝，也就慢慢不再去想那件可恨之事；最後，甚至忘了那道傷痛有多難受，或者，說不定只是習慣了傷痛而已。

對傷痛習以為常也不是好事。養精蓄銳後，就要懂得隨機應變，努力扭轉頹勢；因為，唯有自己才能讓自己幸福。每個人應該都有一段時期，靠著自欺欺人活下去吧。

在隧道裡摸索前行時，有時會聽到不知來自何方的聲音：「只要活著，就會有好事發生。」年輕的時候，雖然會不耐煩地想：「說得倒容易。」但也會轉念心想，那未必是謊言。

只要活著，就會有好事發生。不對，不論好事或壞事，都會公平地落在每個人身上；然而，不論發生多麼糟糕的事，滋生的情緒實際上沒有那麼豐富多樣。

遭遇慘痛失戀而產生的情緒裡，有失落感、自我否定、後悔及怨恨；遭逢至親死亡而產生的情緒裡，有悲傷嘆息、心灰意冷及空虛感。這種影響一輩子的不合理懲處之中，除了上述混雜的各種情緒，還添加了強烈的憤怒。儘管深度因人而異，至於我，某種程度來說，算是習慣了。我甚至能自我安慰：「啊，這是B版本的衍生商品嗎？」

另一方面，喜悅之感永遠是新鮮的；即使已習慣受到禮遇，但是意想不到的驚喜，依然能讓我的心靈感到新奇震撼。既然好事與壞事發生的數量差不多，盡量活下去，才能使人生常保新鮮。

有一次，某位女藝人在演唱會現場向我打招呼，讓我嚇了一跳。她怎麼會知道我呢？我確實有她的專輯，但我萬萬沒想到，她會讀我的書。

跟我同年齡層的她，看起來就像與我完全相反的一個人。她有著比任何人都悅耳溫柔的聲音，十指纖纖、玲瓏大眼，還有一頭筆直秀髮；演奏當下，滿天星斗彷彿落在她的指尖與嘴邊。如果問卷調查顯示「一百人中，有九十八人為她神魂顛倒」，我也不會驚訝，她宛如集結世上所有夢幻元素造就而成的人，也因此強韌得無堅不摧。

另一方面，我是渾然不覺腳下綻放了美麗花朵，揮汗如雨、快步前行的那種女人。我與她，各方面正好相反；儘管有些嫉妒，但也對她的才華佩服不已。

她似乎也覺得，我會不喜歡像她那樣的人。真是豈有此理啊！不過，我能理解她想說的，畢竟我也曾這麼認為。

唯有一路活到現在，才有可能坦然將彼此的相異之處當成魅力所在。因為年紀大了嘛。

如果還年輕，也許會因為嫉妒而蒙蔽雙眼，根本不可能惺惺相惜吧。要是

我一直按住「暫停」鍵，或許也不可能遇見她。

活著真好，只要活著，就會有好事發生。

因為喜悅的光芒，會從意想不到的角度落到自己身上。

甜蜜的憂鬱

看著接受採訪所拍攝的照片，發現頸部有個沾到醬油似的斑點。從大小、顏色、形狀來看，怎麼看都不像是黑痣。

我從小罹患異位性皮膚炎，本來就沒有一副美麗的脖子，臉頰也有一小顆軟軟突起的老年性色素斑，但我也沒有認真防曬；想到自己的歲數，長這些東西也是合情合理。

好吧，我的脖子也終於出現老人斑了嗎？我故作輕鬆，將整個身體靠在椅背上，臉上似笑非笑，實際上內心遭受打擊，緩緩跌落谷底。彷彿一座古老的油壓式電梯。

這時突然心想：「不會吧？」我連忙拿起鏡子照一照脖子，惡夢果然成真。照片裡雖然沒拍到，但是脖子上有兩、三顆肉眼可見的斑點。

「該不會手上也有吧？」不禁將視線移往拿著鏡子的手。看著手背，發現食指正下方處有兩顆小小的斑點。

我再仔細盯著鏡子。哎呀，感覺臉頰上也多了幾顆！臉頰、脖子、手背，

都有斑點、斑點、斑點。心中那座電梯，又往地底深處下降了幾層。

下班回家途中，我順道去藥妝店買了祛斑乳霜，是款不到一千日圓的便宜貨。購買之前，我十分明白它根本沒有完全祛除斑點的功效；總之，就是買來安慰自己。

想要除斑，去醫美診所「啪啪」地打雷射就好，我有不少朋友都是這樣跟「老化」玩捉迷藏。我還在猶豫不決。

談到斑點，我就想起已故的母親。母親平時幾乎不化妝，也不在乎防紫外線，於是，大中小各式各樣的斑點便以臉頰為中心往外擴散，手背上的斑點也比我的還大顆。

有一天，向來活得猶如自由揮灑畫筆的母親，罕見地對著梳妝台嘆氣：「我的臉上怎麼那麼多斑點啊？以前皮膚很好的呀。」

年幼的我突然感到一陣難過，於是摟著母親的腰，極力安慰她：「不管臉上有多少斑點，媽媽就是最漂亮的，我最愛媽媽喔。」我打從心底這麼想。斑點的數目，絕不會影響母親的美。

看著女兒驚慌失措的模樣，母親笑著回抱著我：「謝謝啊，真是乖孩子。」母親是為了顧及為人父母的身分，才表現出「好媽媽」應有的態度吧。

如今我明白，這是兩回事。整體來說，我對人生還算滿意，但是看到斑點

增加，仍是不免鬱悶——滿足與不滿足是同時成立的。當年的我要是再大一點，就不會急著否定母親的感嘆，而是懂得若無其事地給予肯定，陪她一起嘆氣吧。

我也像母親當年那樣，每天努力地活著，照理說應該要得到一點獎賞的；但實際上，唯有斑點猶如獎勵圖章似地愈蓋愈多。

能夠自信滿滿地說：「就算這樣，我也很美。」便是順應時代潮流的態度吧，自我肯定的力量無可估量；然而，斑點就是斑點，區區斑點哪能降低我的價值，不過，還是沒有斑點比較好。

我將祛斑乳霜從臉頰一路抹到脖子，再抹手背，一邊想著，這邊的斑點不如留下吧。跟父親比起來，我跟母親不怎麼相似，所以現在能在外表上與母親多一些共通點，我還滿開心的。我的手背，就是證明我們是母女的有力證據。

在母親過世後二十多年突然出現的母女相似之處，讓我感到一絲甜蜜的憂鬱。不過，我並不希望它繼續增加，因為這是兩回事。

結語
人生沒有正確答案，依自己喜歡的方式過活吧！

光是年齡增長，不可能就此成為溫婉成熟的女人，也不可能一下子變聰明，更不可能不付出任何努力就能讓屁股和胸部變得挺翹，心胸也不可能因此變得寬廣。

年過四十依然擁有驚人美貌的人，不是從以前就是美人胚子，就是借助了醫學的力量；而博學多聞的人，是從以前便好學不倦。這是理所當然的，世上沒有讓人突然變得魅力十足的魔法；有魅力的人，從以前就是那樣了吧？

這些道理雖然都明白，心裡還是想著「為什麼會這樣咧」，不過日常生活瑣事堆積如山，確實如眾多前輩所説的：啥都別想，心情會比較輕鬆愉快。可是體力明顯衰退不少，老是覺得想睡，但是睡了沒幾個鐘頭又醒了，床單的皺摺還在臉上留下了印痕；早上洗著晨

浴，一邊搓洗著耳朵內側，一邊胡思亂想著「自己怎麼會比三十多歲時還要忙啊」、「喔老年臭好可怕」、「今天到底星期幾？」這就是我，過得還算幸福。

閨蜜也是依然如故，吃吃笑地打趣說一個人的個性沒那麼容易變啦，不過跟以前相比倒是圓滑多了，身材也是。

年紀大了之後，爭面子或爭口氣的精力和體力，早在不知不覺間幾乎消磨殆盡。心想：「哎呀，反正那個人就是那樣子」就了事；基本上都在開些無傷大雅的玩笑殺時間；感覺有點火藥味時，便立刻保持適當距離，彼此不會互相埋怨，下次見面時，依舊和諧圓滿；談論嚴肅話題時，再也不會觸及底線，以免引來過度關切。

閨蜜們相繼為人妻、為人母，或者又回復單身，她們與我不同，各有各的忙碌生活。儘管厭倦現實社會依然由女人一肩挑起育兒及照護雙親的重擔，但每個人愈來愈懂得在理想與現實之間找到暫時的棲身之地。

至於我，一方面好奇臨終筆記是什麼而翻了一下，發現自己還不必著手準備而鬆了一口氣；另一方面又萬般不忍心讓父親寫這份筆記。

如果硬要往悲觀的一面想，可以想得有多慘就有多慘，但是往樂觀的一面想，我失去的頂多只有記性和體力。過去曾經害怕成了歐巴桑就會很慘，多虧

年輕的時候也幾乎沒有憑「年輕」就得到好處的經驗，所以也沒差——這可真是沒人愛的勝利！

幸好到了中年後，我並沒有因為自己在社會上的處境變差而沮喪，老一輩的人也不會三天兩頭問我「不結婚嗎」、「有小孩很好喔」、「成天都在工作啊？」儘管每天依舊疲憊難消，但是我可以待在得來不易的天堂裡。

為什麼我說自己總算可以住在天堂呢？這完全是年紀大的關係。年輕人啊，變老很讚喔，因為「以退為進」嘛。最開心的是，我變了。

「這樣真的好嗎？」「跟我想的不一樣……」如此驚慌失措的話，就跟年輕時沒兩樣。不過，從原先的慌亂，轉變成「哎呀算了」的速度非常快，一眨眼就到了；如果用狀聲詞來形容，應該就是「砰、砰！」了吧！「砰、」的時候還在煩惱，「砰！」的時候就到了。怎樣？是不是很快？

唉，怎麼說呢，還有什麼事情沒辦法立刻忘記呢？我想是家人吧。不過，操心也是需要體力與注意力，這很明顯無法長久持續。所以，這樣最好。

傷透腦筋時想著想著就睡著，對我來說是家常便飯。啊，對了，老了就會失去的，還有注意力。至於老了的好處，就是對某件事堅持到底的頑強毅力和厚臉皮，這可是財產。

硬要我說的話，「為將來做好準備」與「享受當下」很難取得平衡。我的照護要委託哪個機構？老了後要有多少錢才夠用？要是通貨膨脹怎麼辦？景氣比現在更糟糕怎麼辦？健康出了問題怎麼辦？

唯有這個時候，才會同時看到對自己有利和不利的報導。據說在一個人臨終之際，詢問此生最後悔的事，最多人說的是「沒有趁身體健康的時候去做〇〇」。但這種說法來自可信度令人存疑的護理師（自稱）之言（而且是聽說）。還有報導說老後需要幾千萬日圓才夠用，這也是可信度令人懷疑的資訊。

所謂可信度，指的是資訊或證詞值得信任的程度。但前述這些問題不是會隨著時代或局勢的變遷，導致正確答案變成錯誤答案的機率大增嗎？正確答案一樣會隨時代潮流而改變；再說了，什麼才是正確答案？結果因人而異。

做好萬全準備的人，也許後悔著「真希望年輕的時候能瘋狂一點」；沒有未雨綢繆的人，或許感嘆著「人生不要那麼沒有規劃，真希望當初有做好準備」。與其如此，還不如對那些資訊或證詞僅止於參考程度，以「順其自然」的心態相信自己才實際。

那麼，怎樣才能相信自己呢？我想，只能向自己證明「不論選擇了什麼，所做的決定都還不錯」，往後面臨眾多選擇時，便能相信自己的抉擇是正確的。

但我到現在也許還在嚴重誤判的過程中。

既然如此，乾脆說服自己，做了錯誤決定也沒關係，日後還有能力扳回一城，安慰自己「既然能平安無事活到今天，你一定沒問題的」。

說是這麼說，任性地以為自己應該可以隨機應變也不太好，有時候也需要奮不顧身投入變化多端的滾滾濁流裡，挑戰全新的事物吧。

用不著以攻上吉力馬札羅山頂峰為目標；要以它為目標也行，那就要花時間慢慢來。我就先不必了吧，如果要我去攻頂，我的身體會先垮了。我現在最不想失去的，就是體力。

至於嘗試新挑戰嘛，去逛逛年輕人聚集的新大久保，或是買沒用過的化妝品也就夠了；自己第一次下廚做從來沒去過的國家的料理來吃，也不錯啊。也就是拋開例行程序，在日常生活裡加一點雜訊。

啊，感覺有點自我啟發的意思了。這樣也不太好。收回、收回。

說到最近的暢銷書，盡是標榜讀了會有所收穫的書籍；並不是我們變得膚淺，而是如今的時代顯得低迷，日常生活中往往聽不到什麼好事，甚至覺得整個社會像走山一樣崩塌。

這也難怪。現在的社會總是強調後果自行負責，導致人們對於需要照護的人，以及需要庇護的孩子敬而遠之。我

想，人們是忘了自行負責也有限度吧？應該由行政單位負責的生活基礎建設若是不完善，人民準備得再周全也無濟於事。自行負責的觀點並不是萬能的。

也許是害怕自己慘遭走山崩塌的社會甩落，不容自己有半點損失的這份恐懼，猶如死也不瞑目的孤魂四處飄蕩。既不是人窮志短，也不是心有所求；因為貧窮而討厭吃虧，這是不習慣貧窮的人才會做的事。比現在年輕一些的我，就是如此——不是希望擁有的比別人更多，而是打從心底害怕自己會在不知不覺間吃了虧，再也回不到原來的地方。

那麼，應該怎麼辦才好？

誰都不想吃虧，但是有個不必計較是否吃虧的方法。不知從何時起，我的心態從「不想吃虧」轉變成「不知道這算吃虧還是收穫」。

我有男友先生，但我倆沒有小孩，父母一文不名，所以我沒有財產可以繼承，自然也沒有負債。過了六十歲，毫無疑問還得繼續工作吧。不過，我不覺得這樣的人生太失敗或者太吃虧，我現在沒想那麼多。

你或許會說，那是因為你有工作、住在東京又身體健康，哪有什麼好抱怨的？確實如此。不過，也有人會把我這種情況定義為不幸或吃虧，所以也不能說未來不會遭遇更慘的事。

因此，我只能想到一個辦法，那就

是不要預設正確答案。這十年、十五年來，我都是這樣做；不過，我仍是希望有所堅持，一種我能力所及的堅持。

我已做好準備，至少不會讓自己沮喪氣餒，至少不會被焦慮不安擊垮。不過，我不會為了捍衛那渺小的自尊而斬釘截鐵地說：「那串葡萄一定是酸的。」也不會責備自己是否哪裡不足，而是模稜兩可地想：「我現在吃不到的那串葡萄，也許有人覺得酸，也許有人覺得甜，我總有一天可能吃得到，但吃到的時候也未必感到幸福。」如此一來，自動讓現在的我進入沒那麼不足的狀態。

每天過得還算開心，但並不是因為人到中年就好事連連而變得開心。

有些人的生活有吃有喝說說笑笑；有些人拚命玩拚命工作；有些人忙著育兒照護累到茫茫然。

即使這樣過著，也很好。

二〇一九年十月吉日

Jane Su

國家圖書館出版品預行編目資料

這樣也很好！大齡女子獨立宣言：丟掉束縛、笑中泛淚！66篇熟女養成記，帶你揮別中年恐慌／珍妮．蘇（Jane Su）著；莊雅琇譯. -- 初版. -- 臺北市：日月文化出版股份有限公司，2021.03
272面；14.7*21公分. --（大好時光；40）
譯自：これでもいいのだ
ISBN 978-986-248-945-1（平裝）
1. 自我實現 2. 女性

177.2 110001265

大好時光 40

這樣也很好！大齡女子獨立宣言

丟掉束縛、笑中泛淚！66篇熟女養成記，帶你揮別中年恐慌

これでもいいのだ

作　　者：珍妮．蘇（Jane Su）
譯　　者：莊雅琇
責任編輯：陳玟芯
校　　對：陳玟芯、謝美玲
封面設計：朱疋
美術設計：ivy_design
插畫設計：ivy_design

發 行 人：洪祺祥
副總經理：洪偉傑
副總編輯：謝美玲
法律顧問：建大法律事務所
財務顧問：高威會計師事務所
出　　版：日月文化出版股份有限公司
製　　作：大好書屋
地　　址：台北市信義路三段151號8樓
電　　話：(02)2708-5509
傳　　真：(02)2708-6157
客服信箱：service@heliopolis.com.tw
網　　址：www.heliopolis.com.tw
郵撥帳號：19716071 日月文化出版股份有限公司

總 經 銷：聯合發行股份有限公司
電　　話：(02)2917-8022
傳　　真：(02)2915-7212
印　　刷：禾耕彩色印刷事業有限公司
初　　版：2021年03月
定　　價：350元
I S B N ：978-986-248-945-1

生命，因閱讀而大好

生命，因閱讀而大好